U0524741

程 麻　林振江◎著

日本难忘李德全

程麻题

中国社会科学出版社

图书在版编目(CIP)数据

日本难忘李德全/程麻,林振江著.—北京:中国社会科学出版社,2017.6

ISBN 978-7-5203-0458-0

Ⅰ.①日… Ⅱ.①程…②林… Ⅲ.①李德全(1896-1972)—传记 Ⅳ.①K827=7

中国版本图书馆 CIP 数据核字(2017)第 096093 号

出 版 人	赵剑英
责任编辑	李炳青
责任校对	季 静
责任印制	李寡寡

出 版	中国社会科学出版社
社 址	北京鼓楼西大街甲 158 号
邮 编	100720
网 址	http://www.csspw.cn
发 行 部	010-84083685
门 市 部	010-84029450
经 销	新华书店及其他书店
印 刷	北京明恒达印务有限公司
装 订	廊坊市广阳区广增装订厂
版 次	2017 年 6 月第 1 版
印 次	2017 年 6 月第 1 次印刷
开 本	880×1230 1/32
印 张	7.125
插 页	2
字 数	185 千字
定 价	38.00 元

凡购买中国社会科学出版社图书,如有质量问题请与本社营销中心联系调换
电话:010-84083683
版权所有 侵权必究

目　录

序 ································ 林振江（1）

前言　历史镜头回放 ························（1）
　一　日本民间与官方异口同声 ··················（1）
　二　李德全初访轰动日本 ······················（6）
　三　李德全：中国女领导人风范 ················（11）
　四　冯玉祥、李德全与基督教 ··················（15）
　五　冯玉祥和中华民国军阀 ····················（19）

上编　李德全在日本外交首"秀" ··············（24）
　一　中国舞台拉开新的一幕 ····················（24）
　　1. 中国舞台和日本观众 ····················（24）
　　2. 顺理成章与水到渠成 ····················（30）
　　3. "千呼万唤始出来" ·····················（37）
　二　新中国代表团轰动日本 ····················（43）
　　1. 李德全先声夺人 ························（43）

2. 一路轰动一路情 …………………………………（49）
　　3. 干扰与凶险 ………………………………………（57）
三　新中国代表团广结善缘 ……………………………（63）
　　1. 中日红十字会互动 ………………………………（63）
　　2. 日本民众反应强烈 ………………………………（70）
　　3. 接触日本官方与皇室 ……………………………（77）
四　李德全访日后续效应 ………………………………（84）
　　1. 继续个别回国 ……………………………………（84）
　　2. 中日多方位交流 …………………………………（91）
　　3. 日本热议李德全 …………………………………（96）
五　采访亲历人员记录 …………………………………（102）
　　1. 王效贤访谈录 ……………………………………（102）
　　2. 郭平坦访谈录 ……………………………………（117）

下编　李德全和冯玉祥 ……………………………………（130）
一　新中国卫生、慈善事业掌门人 ……………………（130）
　　1. 首任妇女部长之一 ………………………………（130）
　　2. 重建红十字总会 …………………………………（137）
　　3. 终生献身公益 ……………………………………（145）
二　冯、李姻缘一线牵 …………………………………（151）
　　1. 冯、李婚姻佳话 …………………………………（151）
　　2. 身兼妻、母、师 …………………………………（158）
　　3. 永葆纯朴本色 ……………………………………（164）
三　冯、李与基督教 ……………………………………（171）
　　1. 李德全的基督教信仰 ……………………………（171）

2. "基督将军"冯玉祥 …………………………………（176）
　　3. 宗教和中国现代政治 ………………………………（183）
四　冯、李与国民党 …………………………………………（190）
　　1. 中国现代军阀概说 …………………………………（190）
　　2. 冯玉祥军旅生涯 ……………………………………（195）
　　3. 冯玉祥和中国共产党 ………………………………（201）

结论　温故知新与继往开来 …………………………………（208）
一　温故知新：中日关系的官、民渠道 …………………（208）
二　继往开来：中日关系"正常化" ………………………（212）

跋 ……………………………………………………程　麻（217）

序

　　两年前，在APEC会议即将于北京举行，时隔约两年半后日中首脑能否实现会谈受到世界瞩目的时候，我从原日中友好21世纪委员会委员石川好先生处听说过一个想法。有一位叫李德全的女性，曾经作为中国红十字总会会长率领战后第一个访日代表团，为在中国的日本侨民回国尽过力。靠她的帮助，被扣押在中国的日本B、C级战犯最终回到了日本。为纪念这一功绩，相关人员是否可以在日本战犯当初登上回国之船的天津港，聚集一堂欢迎安倍首相，最好习近平主席也能够到天津迎接安倍首相并且双方紧紧握手，共同进入北京……这样的想法固然属于梦想，要是这样的设想果真实现，那倒可以成为象征双方偃旗息鼓的好舞台。

　　正是从这时开始，我产生了一个念头，那就是：即使在日中关系困难的时期，李德全访日也是一个日中双方都能够接受的正面话题，便由此着手搜集日本的资料。不过，这毕竟属于专门的研究。而且事情已过去了60年，当事人越来越少，它差不多已经成了日中关系史上被人遗忘的话题。我抱着如今不能再让这一曾有开创第二次世界大战后日中关系之功的大事湮没于世的想法，同在日本研究领域有名的中国社会科学院学者程麻先生商量，决定日中合作撰写一本书。我在日本接待程麻先生，用了近一个月的时间，访问精通中国问题的日本政治家与学者，征询意见，也曾去国会图书馆和日本赤十字社访问与查找资料。此后又每周与程先生促膝交谈，就当时以及现在的日中关系交换看法，一边磨合日本人与中国人的不同思维方式，一边写作。在与程麻老师合作的过程中，我跟他学到很多东西，度过了深受启发的充实时光。

李德全是在1954年10月30日作为来自中华人民共和国的最早宾客在羽田机场踏上日本国土的。当时，战败国日本有很多国民滞留在海外。由于日本和台湾维持着外交关系，还没有承认中华人民共和国，当地日本侨民回国需要中国共产党方面的特别照顾，尤其是被中国收押的日本战犯长期生死不明。

李德全来日本访问时，带来了1000余名日本B、C级战犯的名单。以战犯留守家属为首的相关人士对其抱有极大的期待，但访日行程也伴随着巨大的危险，当时日本存在着反共分子伤害来自新中国的和平使者，或者美国、中国台湾插手抓人、绑架等可能性。然而，李德全那亲切和善的性格，基督教"圣母"般的沉稳风格及其雄辩的口才，都使日本人对"中共"耳目一新，将整个日本卷入了感动的旋涡。

另外，出生于日本的"日本通"廖承志当时与李德全一同访问了日本，并与日本财政界人士交流意见。特别是他与后来加入鸠山内阁的高碕达之助协商，其后以两人姓名第一个字母命名的"LT贸易"形式开创了日中贸易之路，促成了1972

年中日两国邦交正常化。这一切均立足于周恩来总理一贯坚持的"以民促官"的对日方针，也就是在尚无政府间交流时，靠民间力量打破僵局，努力改善日中关系。

现在，我们希望李德全的行迹能在日本更加广为人知，正在策划出版本书的日语版。如果日本和中国两国人民能够彼此传颂李德全访日这一历史性事件，进而激发民间的活力，推动双方共同前进，我们将喜出望外。

林振江

2016年5月

前　言

历史镜头回放

一　日本民间与官方异口同声

2014年11月5日，日本国会出现了一幕引人注目的外交政策咨询场面。咨询人是曾为日本内阁官员、属于自由民主党的众议院议员伊藤忠彦（1964—　），由时任外交大臣的岸田文雄（1957—　）回应答辩。

据伊藤忠彦议员说，自己提出咨询要求，是源于近期在《读卖新闻》"论点"专栏上读到著名作家石川好（1947—　）的一篇文章《打开日中交流之门》，作为"晚生后辈"有幸知道了一桩"未曾了解的事情"，那是指60年前的1954年秋，李德全（1896—1972）率领中国红十字总会代表团首访日本的一段历史。伊藤了解此事的来龙去脉之后深受触动，他认为："战争结束后的日中间交流，若说始自中国方面让平民、战犯等归还日本实不为过。在20世纪50年代，李德全女士发挥了巨大的作用。"

石川好　　　　　　　　　　伊藤忠彦

　　伊藤忠彦议员对石川好先生的文章心生共鸣并非偶然，两位都是关注日中关系、热心两国友好事业的政治活动家，且称得上忘年之交。石川好长于伊藤忠彦，他18岁移民美国，在美国工作5年后回到日本，曾以专门写作美国题材的论著闻名。石川在50岁前后，忽然意识到对于相邻的大国——中国的情况竟然一无所知，心有不安，决定前往中国旅游。随着去中国的次数增加，逐渐见多识广，他越来越感到，无法漠视中国作为一个蓬勃发展的大国存在，必须与之认真和友好相处，于是他开始担任日中友好21世纪委员会日方委员等职，投身日中两国和平相处的政治活动。石川先生最早现身于中国民众面前，是2002年以"日本年·中国年"活动的日方执委会副委员长身份做客人民网组织的"中日论坛"。他在发言中认为，日中两国之间因为存在无法割舍的关系，今后发展得越深越广，出现的问

前言 历史镜头回放

题可能会越多。但出现问题并不要紧，关键是彼此在出现问题的时候，如何做到有耐性地冷静了解对方，彼此理解并力争解决问题，便不至于陷入对峙或战争。为此，日中关系在未来最为重要的，是迅速探索并确立两国政府及民间长期共同合作的机制。他举例说，就像日本建设新干线铁路需要花几十年的时间，日中两国政府和民众之间也应该寻找与建立类似的共同建设项目，那就会长期友好。到2010年，石川先生又奔波于日中两国，与中方合作，共同在北京中国人民抗日战争纪念馆和南京侵华日军南京大屠杀遇难同胞纪念馆举办了"日本百名漫画家笔下的'8·15'"展览。这个展览获得了中国观众的好评，还受到曾任日本政府首相村山富市（1924—　）先生率领的日本政治家代表团成员的称赞。当时，伊藤忠彦作为日本所谓"新生代"政治家，也是这个代表团的成员之一。2013年8月，石川先生在接受中国《环球时报》采访时坦率承认，现在大多数日本人都承认当年对华战争属于侵略性质，但也有部分人不这样认为。这部分人的存在，导致中国方面认为日本不承认侵略的事实，这确实不幸。为此，石川好先生志在以自己的诚恳言论与实际行动，削弱日本那些不承认侵华事实声音的分贝，明确表达日本民众对当年侵华战争的正视与谴责态度。

此前，伊藤忠彦先生参加过日本"支持北京奥运会议员之会"的组织，同其他国会议员们一起热情声援中国承办2008年奥林匹克运动会。除了热心投身加强日中政府之间关系的外交活动，伊藤议员对日本民间推动日中两国密切交往的呼声也相当看重，这在日本年轻一代政治家中堪称慧眼独具。他通过在日本国会咨询的方式，肯定并放大了石川好先生的文

岸田文雄

章与观点，展示出后辈政治家期望弥补和丰富历史知识的谦恭态度，意在提醒全国朝野勿忘中国以德报怨的宽宏胸怀，呼吁当今莫忘李德全，尝试以史为鉴，寻觅破解当今日中关系窘境的途径。

日本政府当局是如何回应与评价日中两国关系这一史实的呢？据当时的咨询记录所示，日本外交大臣岸田文雄表现出比日本年轻一代更熟稔日中关系史实的居高临下的姿态，表示自己对李德全1954年访问日本的事情有所了解，还补充说："她作为中国红十字总会会长来日与日本赤十字社交换了备忘录，成为后来日本人回国规范化的契机。"岸田大臣还提到，中国红十字总会代表团那次来访还开启了廖承志（1908—1983）与高碕达之助（1885—1964）之间的所谓"LT贸易"，认为"就借助扩大的民间经济关系成为日中关系正常化的背景之一而言，应该说那次李德全女士访日是日中关系的重要事件"。当咨询人追问他如何评价日中关系史这一开拓性的重要事件时，岸田大臣的回答是：

> 以李德全为首的访日团，在日中关系正常化以前，为促使日本人回国发挥了巨大的作用，对日中关系的发展做了重大贡献。我想对此应该表示感谢之意。

日中间的民间交流本在情理之中，也令人期待。我确信，日中关系的整体改善与各种不断的交流或对话有密切关系。我认为，李德全的这一贡献便是这种交流的最好先例。

作为个人，我想很好地继承包含李德全在内的先辈精神，积累各领域、各层次的对话与交流成果，并为推动更高级的对话而持续扎实地努力。

中国自古有"逝者如水"的说法，指时间的流失意味着历史无法重现，会冲淡往事的印迹。以李德全率领中国红十字总会代表团初访日本之事来说，年岁较长的日本人如石川好等尚记忆犹新。他记得，李德全把在押的日本B、C级战犯名单送交日方公布之后，"战犯家属们纷纷奔向访日团驻地，各种报纸刊登出李德全代替被拘禁的父亲抱着小女孩的照片"等细节；而岸田文雄一代中壮年日本官员对该事件的回应，尽管外交词令无懈可击，表明了政府尊重历史的姿态，毕竟稍显空洞与刻板；而更年轻的"新生代"人物伊藤忠彦意在提醒政府莫忘过去，反映出历史意识在日本正面临逐代淡漠，以及青年人想追问事实真相的强烈愿望。不久，对于李德全初访日本这一历史事件颇有共鸣的石川好和伊藤忠彦二人于2015年1月再次奔赴中国，由日本驻华公使远藤和也陪同，到北京八宝山祭拜李德全墓，并代表日本大使木寺昌人敬献了花圈。随后又参观了中国人民抗日战争纪念馆，以日本国会议员身份在战败70周年之际向中国人表达感激与忏悔之意。

伊藤、石川等人祭拜李德全

　　如同中国早有"饮水思源"或"前事不忘,后事之师"之类观念,伊藤、石川等日本明智的政治家深知,要处理好使当今日中关系"并非一帆风顺"的"各种新事端",很需要"回顾六十年前的事情",离不开历史的借鉴,只有"温故"才能"知新"。这是目前日本民间与官方不断重提中国红十字总会代表初访日本的话题,李德全仍对日本朝野富有魅力和吸引力的根本原因。

二　李德全初访轰动日本

　　战败以后,日本国民对中国新政府外交政策与行事风格的最初印象,主要是通过在华日本侨民以及侵华战犯陆续顺利回国这一途径形成的。这一历史机缘，将曾是基督教徒的新中国政府第一位女性部长、被伊藤忠彦众议员称为"具有勇气的女领导人"、"富于勇气的使者"的李德全（1896—1972），推到了日中外交舞台的前沿，成为当时日本朝野瞩目并热议的新中国象征性人物。

新中国成立前后，遗留在中国的日本侨民尚有3万多人，此外还有中国共产党军队收押以及由苏联遣送到中国的日本战犯1000余人。如何对待和处置这些日本人，是尚未与日本建立外交关系的新中国政府必须妥善解决的对日外交的重要课题。

1950年夏天，新中国政府首任卫生部部长兼中国红十字总会会长李德全应邀出席在摩纳哥首都召开的国际红十字会会议。一行人按照周恩来（1898—1976）总理的指示，在会议期间主动与日本赤十字社社长岛津忠承（1903—1990）进行接触，表达了愿意帮助在华日本侨民归国的态度。日本赤十字社代表团将这一消息带回了日本，在各界人士，特别是日侨留守亲属中引起强烈反响，这个消息被作为一大喜讯迅速传播开来。

与新中国成立相呼应，当时日本对华友好人士与和平人士已相继成立"日中友好协会"和"日本和平联络委员会"。这两个民间团体与日本赤十字社联合向日本政府交涉，要求官方同意安排船只接日侨回国。为此，中国政府有关方面在1952年12月1日以"答新华社记者问"的方式表示，中国政府一向愿意协助自愿回国的日侨返回日本。只要日本方面解决船只问题，即可由有关民间团体前来同中国红十字总会协商具体办法。后来，日本政府同意由民间三团体前往中国，以日本赤十字社社长岛津忠承为首，与中国有关方面会谈日侨回国事宜。接到中方邀请后，日本三团体于1953年1月26日经香港到达北京。

为同日方进行此项会谈，中方成立了七人代表团。中国红十字总会会长李德全为团长，廖承志以中国红十字总会顾问身份协助，其他团员均为中国红十字总会领导人。此外，还安排了专门的联络、接待和翻译人员，"中国人民救济总会"也有人临时参与工作。

中国代表团团长李德全、顾问廖承志在北京欢迎日本民间三团体代表团，并举办了宴会。1953年2月15、20日和23日，双方进行了三次正式会谈。按周恩来总理的指示精神，中方首席代表廖承志在会谈中表示，中国愿意协助一切自愿回国的日侨回到日本，中方已做好日侨出境的各项准备，并且可以提供归国日侨在离境前所需的旅费与食宿费。中国方面宽宏的态度和周到的照顾计划，由日方三团体随时通报回东京，又通过媒体及时把会谈进展传播给全国，在日本民众中获得了良好反响。由此推动日本政府对派船接人问题做出了承诺。3月5日，中日双方最终达成共识，决定从1953年3月下旬开始，日本派出接收日侨的船只陆续到达中国指定口岸，在大约两年时间内，把愿意回国的32000名日侨分期、分批全部接回日本。双方签订关于《商洽协助日侨回国问题的公报》之后，日本代表团于1953年3月6日回国。

日本派出轮船"兴安丸""白龙丸""高砂丸"于3月22日到达天津港口，接走了首批回国的日本侨民。在中国的漫长岁月里，日本侨民有的已同中国人结婚生子，有的是被中国人收养长大。当他们与朝夕相处的中国亲友分别时，大都依依不舍，或抱头痛哭，或一再鞠躬感谢，表示将永远感恩戴德。当这些接侨船只抵达日本京都北部的舞鹤港时，归国侨民受到他们的家属及日本新闻记者热烈的欢迎。他们不仅享受着久别重逢的喜悦，还纷纷倾诉着在中国的亲身经历以及表达着对中国民众和政府的深切谢意。一时间，日本媒体对此的报道铺天盖地，令广大民众知晓了许多前所未闻的中国信息，对新中国的好感猛增，出现了一股空前的"中国热"。

为了报答中国协助日本侨民回国的情谊，日本参议院议员、京都东本愿寺住持大谷莹润（1890—1973）等人，建议利用接送日侨归国的船只，把他们收存的侵华战争期间7000多具在秋田县花冈矿山等地服苦役并被杀害的中国劳工遗骨，分批送还中国。此后，先后有3000多具中国劳工遗骨分别于1953年6月和8月送达天津港。廖承志和2000多名中国人曾在港口迎接这些遗骨，当时盛大的场面既悲壮又友好。

兴安丸

迎接回国日侨

在中日两国民间如此热烈的互动气氛中，日本一些地方议会向政府提出应该邀请中国红十字总会访问日本，以感谢其人道主义善意。实际上，此前岛津忠承先生在北京会谈期间，已向中国方面提出过这一邀请，但回国后其提议迟迟未能得到日本政府许可。1954年5月底，日本参众两院先后通过了邀请中国红十字总会代表团访日的决定。受此推动，日本政府最终同意由日本赤十字社向中国红十字总会发出访日邀请。于是，便有了李德全率领中国红十字总会代表团于1954年秋初访日本之行。

中国红十字总会访日代表团由10人组成，李德全为团长，廖承志为副团长。出发前一天，周总理接见大家并分析了当时中日关系的复杂情况，指示代表团的任务是向日本各界说明中国人民愿意同日本人民和睦相处，长期友好，共同防止战争再起。他鼓励道："你们只要到达东京，就是胜利。"

1954年10月30日，中国红十字总会代表团以"新中国第一个民间使节"的身份，经香港飞抵日本东京羽田机场。日本各界代表400多人把候机大厅挤得满满的，外边还聚集了约3000名欢迎的民众。雍容大方的李德全团长在机场发表了讲话，她强调说："我们这次的访问，表示中日两国人民间的互相友好往来有了新的发展，同时也会促成中日两国人民相互间进一步了解。"廖承志副团长则在回答记者提问时以地道的东京腔引用鲁迅的话说："'世上本没有路，走的人多了，也便成了路。'只要我们走下去，自然就会开出一条中日友好的大道。"这些讲话，引起了全场一阵阵热烈的欢呼。当晚，日本三团体为欢迎中国红十字总会代表团举行了数百人参加的盛大宴会。

接下来，中国红十字总会代表团在短短13天里，连续访问了东京、名古屋、京都、大阪等六大城市，受到各界人士极其热烈的欢迎。代表团不仅与日本民间人士广泛接触，参众两院议员还举办了招待会，日本一些官员也会见了代表团，开了新中国代表团与日本上层和官员接触的先河。日本各界普遍评价，像如此盛大地欢迎外宾，在日本战后还是头一次。

三 李德全：中国女领导人风范

在中国协助日侨回国，尤其是中国红十字总会代表团首次访问日本的过程中，日本从民间到官方的视线，不约而同地聚集在李德全这位新中国女性官员和著名慈善家身上。当时她以中国红十字总会会长的身份率领访日代表团，成为日本朝野关注的焦点与核心。

李德全是新中国成立初期政府中少数几位非共产党员女干部之一。她曾担任首任卫生部部长、首任中国红十字总会会长等职务，在卫生、教育、慈善等社会服务事业方面非常活跃并成就卓著，同时也是在当时的世界舞台上展示新中国文明、和平与人道形象的标志性人物。这在很大程度上是因为李德全早在青年时代便投身旧中国的慈善事业，她与中国共产党长期真诚合作，后来受命开拓与奠基新中国红十字总会工作，乃顺理成章，也是实至名归的。

与西方国家慈善家大多属于生活优渥的名门望族或财阀富豪，凭借拥有余财、余力等优越条件从事社会救济活动的惯例不同，李德全身处水深火热、灾难深重的现代中国，能够逐步走上卫生、教育、慈善等社会服务之路，其精神动力主要源自出身于城市贫民之家，从小对贫病交加的社会困境感同身受，立志以扶贫济困为个人使命。这是近代以来中国慈善事业和慈善人士最为典型也最有代表性的特点。

李德全出生于一个从内蒙古逃荒到北京通县（现名通州）的蒙古族贫民家庭。父亲靠出卖苦力抚养多名子女，李德全作为家中较大的孩子，早早便负担起家务和照顾弟妹的责任。她从小聪明能干，不甘心像一般妇女那样终生围着锅台转。由于姐姐因病夭折，李德全幼时读书学医的愿望非常强烈。通过信仰基督教的父亲请求教会资助，李德全如愿进入当地的教会学校，在1911年读完小学后考入北京的贝满女中（Bridgman Girl's School）。由于李德全品学兼优，出类拔萃，深受老师和校长的器重，1915年，她升入中国第一所由英美教会创办的女子大学——华北女子协和大学（North China Union College for Women），成为中国最早的女大学生之一。1923年大学毕业后，她在母校贝满女中讲授代数和西洋史等课程，同时先后担任北平基督教女青年会（YWCA）干事、总干事，负责开展教会的教育与慈善活动。

1924年，李德全经人介绍与丧妻不久的著名军阀将领冯玉祥（1882—1948）结婚。冯将军前妻遗留下三男两女，婚后李德全又接连生育了一男三女，家务以及抚养、教育子女的负担之重不难想象。然而，李德全不肯安于养尊处优的"官太太"地位，也没有被儿女拖累在家庭小圈子里，一直坚持积极投身儿童保育、卫生和教育等社会服务事业。她和冯玉祥拖家带口每到一地，都不忘记办学或者办医。1928年，李德全在北平主持创办求知中学与附设小学和幼儿园，招收贫苦人家子女免费接受教育。1932年，她与冯玉祥一起在山东泰山期间，前后创办了15所小学。1935年两人到南京之后，李德全又联合知识界妇女，成立了"首都女子学术研究会"。1937年3月10日，她还和孙中山（1866—1925）的夫人宋庆龄（1893—1981）共同创立了"中国战时儿童保育会"，宋庆龄担任理事长，她任副理事长。这一团体在抗日战争期间组织人力和医疗资源，一共抢救战地儿童、收容教养儿童3万余人。李德全还牵头组建过"中国妇女联谊会"并担任主席。1946年，李德全到美国纽约出席世界妇女大会，提出过"联合世界各国妇女为争取民主和平而奋斗"等提案。李德全带领子女自美归国后，1949年3月出席中国妇女第一次全国代表大会，当选为中华全国民主妇女联合会副主席，同时担任北京师范大学保育系教授兼系主任。1949年9月，她参加中国人民政治协商会议第一届全体会议，被选为全国政协委员会委员。10月又被任命为中央人民政府政务院文化教育委员会委员、中央人民政府卫生部部长。1950年8月，她开始兼任中国红十字总会会长。从李德全的人生历程看，她作为中国国民党左派代表之一冯玉祥的夫人，长期同中国共产党精诚合作，在新中国成立伊始便全力以赴承担起卫生、教育与慈善事业的领导责任，成为在国内外政治舞台上展示新中国和平、文明与人道形象的代表性人物。

与日本政坛将率领新中国代表团初次到访的李德全视为"具有勇气的外交使者"的评价不太相同，在当时一般日本平民百姓眼中，借媒体照片或当面所见的李德全，更像一位和蔼可亲、平易近人的"欧巴桑"，即大妈的形象。这显然与当时日本妇女的社会地位比较低，尚未出现成熟的女政治家有关系；另外，李德全为人、行事，确实始终保持着勤劳简朴的平民女性本色，从未奢望名媛、贵妇的荣华或显赫。她致力于慈善事业纯粹基于献身、献力的信念，毫无名利之想且终生不倦。李德全的丈夫冯玉祥，也与当时疯狂中饱私囊的军阀不同，尽管并不富裕却热衷于扶贫济困。据一位民国时期在北京行医的日本人记述，冯玉祥常因囊中羞涩而"哭穷"，送别人贺礼时总是量力而行，从不大手大脚；而李德全投身慈善事业则慷慨大方，仗义疏财无数。有一次因天灾募捐，她一次解囊捐赠千余元之多，与冯玉祥送礼的"小气"形成了鲜明对比。为此，当时中国基督教会有外国人评论说，人们把冯将军看作

"赤党",实在大错!他的"赤党"之心,是受李德全的热诚之血感染而成(矢原谦吉:《谦庐随笔》,广西师范大学出版社2015年版,第100页)。这位日本医生也许未曾预料,李德全乐于体恤民情、纾难解困的女性襟怀与人道主义精神,后来竟扩展到新中国的外交舞台上,通过红十字会这一世界性组织和渠道,在协助日本侨民与战犯顺利、平安回国过程中更加光彩照人,日本朝野上下无不因此而敬仰和感动。

四 冯玉祥、李德全与基督教

李德全终生投身平民福祉的教育与社会服务事业,以及后来和军阀将领冯玉祥的姻缘,实际上与两人早年共有的基督教信仰有很大关系。

李德全的基督教信仰源自家庭。她父亲是虔诚的基督教徒,由于从小受家里宗教气氛的影响,李德全自青少年时代起宗教观念逐渐强烈,认为自己能够时来运转乃受惠于神的恩典,从而也应以神之爱心反哺天下子民与苦难百姓。大学毕业后,她一边在教会学校执教,同时身兼教会数职,热情参与宣讲布道、发展教徒和扶贫济困之类工作。她精力充沛、作风干练、谈吐大方,很快在北京基督教界脱颖而出。或许称得上因缘际会,此时驻扎在北京的西北军将领冯玉祥,因为在各军阀派系中以罕见的宗教热情而被称为"基督将军",经常去教堂参加基督教活动,如倾听宣讲布道,对李德全在北京宗教界的声望耳闻目睹,渐生好感。

冯玉祥皈依基督教是基于内在的精神追求。他是在亲身感受到基督教会热衷于兴医、办学，要求教徒生活严谨，禁止吸食鸦片与妇女缠足，鼓励读书受教育等教规的社会成效，于1915年接受教会洗礼的。与众不同的是，冯玉祥还在自己率领的军队中宣传基督教信仰，这在当时军阀中是绝无仅有的。他的部队里不仅聘请牧师，还在营房里建立教堂。每逢礼拜天，都要请牧师给全体军官讲道，提倡读经、祷告、赞美、主日等仪式，冯玉祥甚至亲自为士兵宣教《圣经》。在冯玉祥的带动下，其部下有不少军官受洗入教。据统计，到1924年，冯玉祥在北京出任陆军检阅使时，手下3万余官兵信教者过半，军官受洗者更十有八九。1924年2月，他的军队有千余名官兵受洗，8月又有5000人入教。另外，冯玉祥还选择一些符合自己口味的基督教义，编写成士兵教育读本《军人精神书》，其中有所谓"三精神书"：《道德精神》、《爱国精神》和《军纪精神》。内容中外结合，将基督教精神与中国传统道德观念贯通起来，大量引用曾子、颜回、子路、墨子等古人故事。为此，在民国时的某些传教士眼里，冯玉祥是一名"耶稣基督的好兵"。

冯玉祥不仅文治武功打上了基督教的烙印，宗教信仰也深深影响过他的生活。1923年，冯玉祥的原配妻子病逝，一时间，这位位高权重的将军成为北京城名门闺秀追逐的目标，连当时北洋政府的总统都想把自己的女儿嫁给他。有一个流传的说法，每当有人给冯玉祥介绍女性时，他总要问对方一个问题："她嫁我是为什么？"凡是表示看好冯玉祥的高官厚禄或相信他会前程似锦的女性，都被他一一谢绝。后来，有一位教友说，想推荐一个上帝派来监督他的人，怕他做坏事。冯玉祥一听，大喜过望，说："这正是我要找的人。"这意味着，冯玉祥早有了心仪的对象，即非李德全莫属，他们的情投意合确实依赖两人对基督教的共同信仰。在结婚前，李德全曾问冯玉祥："你怎么看上我的？"冯回答："我看上你的天真烂漫。"反过来，冯又问李是怎么看上他的，李则回答："是上帝派我来监督你，不准你做坏事。"婚后，李德全与冯玉祥部队的基督教气氛非常融洽，她除了持家教子，还把大量精力投入妇女教育和慰劳伤兵上，非常受官兵们爱戴。

基督教信仰既是冯玉祥、李德全夫妇婚姻的"红娘"，也对两人后来的生活道路产生过重要影响。1928年国民革命军北伐成功后，是冯玉祥同国民党最高领导人蒋介石（1887—1975）关系的"蜜月期"。二人不仅结盟为"拜把兄弟"，冯还到当时的首都南京就任过行政院副院长兼军政部部长。当时，冯玉祥仍旧身穿普通士兵制服，头戴破草帽，脚穿粗布鞋，出入乘坐大货车，言谈举止一副"苦行僧"的样子。他的基督教徒身份、他治军和行事的严谨态度，曾让南京军界政界惊慌失措，各界人士估计冯玉祥将依照教会规矩严肃整饬社会风气，一些妓院和赌场闻风纷纷关闭，政府工作人员也被严格规定上下班时间和工作效率。尽管有人讽刺冯玉祥的清教徒作风"矫揉造作，不近人情"，指责他"沽名钓誉"，但了解冯玉祥宗教信仰与行事习惯的人都为他辩护："你说他假，他几十年如一日，假到底了也就是真。"

实际上，中华民国时代的军阀或高官像冯玉祥一样皈依基督教者并非个案，如国民党最高领导人蒋介石以及名将张学良（1901—2001）等，也都是基督徒。其中，蒋、张二人的基督教信仰，主要是受蒋介石夫人宋美龄（1897—2003）的诱导。前者要与宋美龄联姻，宋氏家族提出的条件之一便是信基督教。蒋介石的基督教信仰经历了从被迫到自愿的长期进程。后者则因1936年12月12日"西安事变"被软禁以后，受宋美龄的庇护与启示，逐步树立与巩固了基督教信念。他们同冯玉祥的差异，在于都意在以基督教信仰慰藉自身精神的苦闷或空虚，却并未尝试像冯那样以基督教思想引导社会与管束民众。冯玉祥与基督教的如此关系在中国现代史上堪称绝无仅有，甚至连西方国家也对此好奇。如1928年7月2日一期美国《时代周刊》杂志的封面刊登冯的照片，标题叫作《特立独行的"基督将军"冯玉祥》，介绍他是"《圣经》拿在手上或者放在口袋里的虔诚的基督徒、神枪手、世界上最大的私人军队——19.5万人的主人。在今天，这样的人物就是中国的一个最强者——冯玉祥元帅"，称赞冯作为"中国的基督教战士变乌合之众为规矩之军"。

美国《时代周刊》封面冯玉祥像

这意味着，中国现代历史长河中的某些波澜，或明或暗有基督教在背后推动，或者教会为中国政治人物提供过帮助，如宋美龄曾借助与基督教的关系，争取到美国对中国抗战的精神与物资支持；反之，冯玉祥则通过与基督教的联系，进行过批判与反对蒋介石的活动。至于那些基督教会在中国创办的像金陵、燕京、齐鲁等大学与中国政治、社会密切关系，以及基督教会在对日抗战中与中国民众合作之类，就更值得认真回顾与评价了。

五 冯玉祥和中华民国军阀

李德全从一位具有基督教信仰的军阀名将夫人，最终成为新中国政府中非共产党员女性领导人的代表与典范，实质上折射出中国近现代历史舞台上的一种独特政治势力——军阀的发展与演变历程。

军阀，是"军队派阀"的简称，就是指分属不同的派系与统帅、握有全国或者地方政权的军事集团势力。诸多把持着军权与政权的不同派系军阀之间连年混战、分化与兼并，是自1911年辛亥革命到1949年新中国成立的30多年间中国社会的主要政治格局。回顾那一段历史，一般人特别是年轻的中国人很难说得清楚，当时那些像走马灯一样不断轮换、代表中央政权的总统和统管全国政务的总理等人，究竟分别属于哪一派系军阀，以及众多派系的军阀后来怎样逐步被蒋介石打败、收编或者貌合神离，形成国民党嫡系军队与杂牌军长期共存的局面。在外国人眼中，除非专业研究人士，中国近现代军阀此起彼伏的更替过程，更是一片混沌模糊的印象。他们很难理解，为什么某派军阀最终被蒋介石收编，而还有一些军阀将领竟能走上同中国共产党合作、创建新中国的道路。

辛亥革命以后，中国之所以出现诸多派系军阀割据一方，迟迟无法形成统一的中央政权的政治态势，主要因为在清朝末期，虽然多有呼吁却并没有真正开始和实施由王朝政体向近现代共和政体的基本转型。由于政治体制改革的迟缓与滞后，当武昌起义带动各路清朝军队纷纷倒戈推翻清朝统治后，并没有新式政权有效地接管中央或地方权力，只能由当地的驻军临时执掌、操控军事、政治甚至经济大权。这些军队大都是清朝政府原来统辖的所谓"新军"，即在政权体制改革前着手改编、装备和训练的新式军队。如在南方革命派妥协后被任命的中华民国临时大总统袁世凯（1859—1916），就在担任清朝"北洋大臣"时统率过规模最大、实力最强的"北洋"新军，该派系军队后来演变为"直系"军阀，就是指直隶（现河北一带）地方的军队。除此以外，全国还有不少尽管实力弱于直系军阀，却能够凭借武力独霸一方并维持该地政治、经济秩序的军阀派系。这些军阀规模大小不一，主要分为安徽的"皖系"、东北的"奉系"、四川的"川系"、山西的"晋系"、广西的"桂系"、云南的"滇系"和广东军阀等。这些不同派系的军阀经过1920年"直皖战争"、1922年"直奉战争"、1924年"第二次直奉战争"、1930年"蒋冯阎中原大战"等多次武力较量，各派的实力此消彼长，一些能量较大的军阀曾经暂时执掌过中央政权，不久又被别的军阀赶下了台。1928年，蒋介石统率国民革命军北伐基本胜利并建都南京以后，中华民国才大致统一，标志着二十几年军阀混战的政局基本结束。不过，此后二十多年统治中国的国民党蒋介石政府，本质上仍属于军阀政权，因为该政府主要依靠一家独大的国民党嫡系军队支撑，远没有形成真正意义上的文官政府。而且除了庞大的国民党嫡系部队外，被蒋介石打败后改制或者经软硬兼施收编的杂牌军队，名义上属于"国军"，实际上依然盘踞与统治着各个地方。这些"地头蛇"与国民党中央政府讨价还价，有时甚至不惜刀兵相见，小规模的割据式冲突与争夺始终没有停止过。这就是在中国现代历史舞台上，各派军阀"你方唱罢我登场"，令人眼花缭乱地彼此争斗的根本原因。

无论是前二十多年的军阀混战，还是后二十多年的地方割据，不同类型军阀政权的共同软肋，是各级军阀将领多为行伍出身，文化程度普遍较低，属于不怕冲锋陷阵却缺乏社会治理头脑的"大老粗"或者"草头王"。"军事管制"式的军阀政权可以在夺取政权后暂时维持地方治安，但政权虽然可"马上得之"却无法"马上治之"。更根本的致命伤在于，各派军阀的头领无不立足于一己私利。他们可以凭借手中的武装力量推翻王权统治，可毕竟先天缺失现代共和政体必备的民主执政、服务社会等合理、合法的政治素质。现代文官共和政治体制应有的本质与功能，只有那些文化修养较高的文化人才能够具备并有可能成功运作。因此，军阀政权最终被文官政权取代，乃是中国现代共和政体成熟与成功的必由之路。

中国共产党在第一次国共合作失败之后，走上武装夺取政权的革命斗争道路，是立足于当时中国长期的军阀割据状态，不得已而为之的"以毒攻毒"战略。而这条道路最终被历史证明是正确的，最根本原因在于中国共产党除了同军阀一样紧握手中的"枪杆子"，他们还拥有各派军阀缺少的"笔杆子"。这是指他们属于现代式"秀才"带兵，不仅文化素质普遍比军阀将领较高，更因为其背后有当时遍布世界的共产主义运动热潮和马克思主义理论武装。中国共产党看重武装力量的手段与工具性作用，又比军阀有更长远的政权建设与社会改造目标，这些都是各派军阀望尘莫及、相形见绌，最终不能不被取代的内在历史原因。

1948年的冯玉祥

冯玉祥与诸多军阀的不同之处，尤其最终能够成为同中国共产党走得较近的军阀将领的代表性人物，主要在于他不像一般军阀首领那样实利地满足于"有枪就是草头王",打打杀杀或者占山为王,而是终生都在追寻能够端正人生道路的心灵信仰以及真正理解历史使命的意识形态支撑。他具备不畏牺牲、有勇有谋和体恤官兵之类中国军阀将领未必都能具有的长处,又不甘心基于一己私利,"有奶就是娘"地任由强势军阀摆布,而试图找到与自己和国家都有指引作用的精神寄托对象。为此,他早期推崇过基督教观念,在孙中山发动北伐革命战争前后又变身为三民主义的信徒,再后来与蒋介石关系破裂,而对苏联和中国共产党产生好感,中国共产党也并未因为他曾追随蒋介石反共而将其拒之门外。特别是日本全面发动侵华战争以后,因冯玉祥失败下野而转归张学良旗下,由原西北军改编的第29军,在河北一带成为抗战的一面旗帜,同样使原统帅冯玉祥名声大震。如今北京有三条街道以英雄命名:张自忠(1891—1940)、佟麟阁(1892—1937)、赵登禹(1898—1937),都是29军的将领,提起他们就会联想到冯玉祥。到新中国成立前夕,冯玉祥夫妇与宋庆龄、李济深(1886—1959)等成立中国国民党革命委员会,与蒋介石公开决裂,与中国共产党合作的立场更为鲜明。由此不难理解,李德全继承冯玉祥的遗志,凭自己出众的政治活动能力和一定的社会影响,后半生成为新中国对内对外展示文明、和平、人道形象的化身,可谓顺理成章。正像她的名字的含义一样,堪称功"德"俱"全"。

上　编

李德全在日本外交首"秀"

一　中国舞台拉开新的一幕

1. 中国舞台和日本观众

关于中国与日本两国之间的关系，终生眷恋与研究中国的日本著名学者竹内实（1923—2013）曾经有过一个非常生动形象的比喻：

> 不妨打开地图试看一下。中国大陆的地势是西边高，东边低。东面部分大都是广袤的平原，地势向大海倾斜着。而隔着大海，日本列岛大体排列成为一条弧线，面对着中国的大陆。
> 要是将中国比作面向东方展示的舞台，那么日本列岛可以被视为观众席。而位于这二者之间的海洋，就像是贵宾席和乐池。
> 坐在这观众席位上的观众，一直远望着在中国舞台上

演的戏剧。那剧目叫做"历史"。这历史对同时代的人而言，其实就是当代史，也便是在陆续不断上演的戏剧。

由于中国历史即意味着世界的历史，演员自然并不缺少可以演出的内容，所以戏剧是多彩的。大约情节模式有一些循环往复，也许会让人觉得有些单调。不过，在观众席上的人们眼里，剧情的发展常常会出人意料之外，因此，它们总是显得那么令人兴趣盎然。（《舞台和观众席——中国研究的视角》，《京大史记》，京都大学创立九十周年纪念协力出版委员会，1988年8月10日）

历史的指针走到了1949年，在隔海的东边观众席上的日本人眼里，西边的中国舞台上出现了既出人意料又令人兴趣盎然的全新景观。这是指：在日本侵华战争失败以后，中国两大派政治力量经历天翻地覆的军事、政治大较量之后，中国共产党最终推翻了中国国民党的统治，建立了新中国。中国舞台由此拉开了新的一幕。

对于中国舞台上这一幕崭新的戏剧，有少数与中国人接触密切或者对中国社会实情有亲身体验的日本人，回到日本以后曾对身边人谈论甚至预测过。比如，在中国生活了二十多年的竹内实的母亲，1947年归国后，就向亲友们这样转述过："中国人说，以后是毛泽东的天下了。"据竹内实回忆，这是自己第一次听到"毛泽东"的名字。他猜想，母亲可能是在中国听过不止一个人的议论，才会有那样的推测。虽然中国平民百姓的舆论难免有夸大其词的成分，但大体上不会错。又过了两年多，中国当真诞生了新的政权——中华人民共和国。竹内实当时情不自禁的想法是：果然不出所料。（竹内实：《毛泽东的生涯——调动八亿人民的魅力的源泉·前言》，日本光文社，1972年6月25日）

《竹内实文集》中文版

显而易见，从中国回国并对中国真有切实了解的日本人，毕竟是凤毛麟角，而且当时日本媒体也很难听到这些不会轻易向陌生人倾诉的类似声音，即使个别日本媒体听到过，也未必会对这样的感受与推测完全当真。更为重要的是，当时的历史节点正处于无论是中日两国还是二者背后的国际格局，都尚未稳定，更谈不上定型的时期。比如，日本还处在美军占领之下，日本受美国的推动，正尝试恢复与实施代议性民主制度、再建内阁政府以及重振经济等，从政治家到普通民众，大多数日本人并没有余兴隔海观望中国历史的沧海桑田之变，对中国舞台上景观、剧情的巨大转换还缺少心理的准备。

当然，应该承认日本始终存在着热心日中交流与友好往来的社会群体。像在新中国宣告成立后仅10天，日本有识之士便召开了日中友好协会筹备会议，1950年10月1日，第一个日中友好组织——日中友好协会正式成立。初期共有22个都道府县以及各政党、工会、学术界、文艺界、经济界的人士参加该组织，大会选举参议院前议长、日本社会党元老松本治一郎（1887—1966）为首任会长、中国著名作家鲁迅的知心朋友内山完造（1885—1959）任副会长兼理事长。日中友好协会成立后，立即多方位地展开日中友好和促进两国恢复邦交的活动，影响不断扩大。不过，在这样的热情中，也夹有对中国民众极端憎恶日本军国主义情绪的担忧。如该会会刊《日本与中国》1954年10月11日第1期，刊登过学习院大学教授、记者清水几太郎（1907—1988）参观北京郊区时的观感，他表示："我们日本也有过同样的经验，应该同样厌恶战争与热爱和平。尽管不能说有要人们忘记或是使人们忘记这些想法的动向，可日本人会不会重新把枪口对准中国人民呢？"

这样的担忧并非无中生有。新中国成立前后，时任日本内阁首相的是自由民主党人吉田茂（1878—1967），他在1948—1954年两度执政。吉田茂家学原有浓厚的汉学气氛，从小对中国历史与社会怀有兴趣。1906年，28岁的吉田茂大学毕业后，成为一位日本外交官，长期在中国东北等地任职，被视为"中国通"。然而，吉田茂对中国的关注绝非基于浪漫情怀或理想主义，他始终以强烈的现实主义态度看待和处理日中两国关系。众所周知，在美军占领时期，每一位日本政府领导人都必须谨小慎微地与占领军当局搞好协调，因而吉田茂与驻日美军司令麦克阿瑟（1880—1964）的合作也比较融洽。不过，在吉田任期内的1950年，朝鲜战争爆发。中朝军队与以美国为首的联合国军经过多次拉锯式战争争夺进退，几乎势均力敌，最终双方开始停战谈判，于1953年7月27日签署《朝鲜停战协定》。在这样的国际背景下，美国决定将已被打败的日本认作同盟国，以巩固与增强自己在东亚的实力，而日本也只有唯美国之命是从才能自保，并无其他出路。为此，由美国牵头的48个同盟国，在1951年与日本在旧金山签订了又名为《旧金山和约》的《对日本和平条约》，确认日本在第二次世界大战后的国际地位变为正常。接着，日本又与美国结成双边军事同盟，缔结了《日美安全保障条约》，宣布结束同盟国军事占领日本的状态，又准许美国在日本几乎无限制地设立和使用军事基地，实质上为日本从属于美国提供了法律依据。

无论是凭借对中国的了解还是基于日本国家利益，吉田茂都知道中国大陆的资源与市场对今后日本的重要性。这对吉田茂来说，属于非同小可的问题。1951年10月，吉田茂在国会发表演说指出："日本将必须从一个现实主义的民主国家的立场决定是否承认中华人民共和国。目前，政府正在考虑同那个国家开启贸易关系以及在上海设立商务办事处的问题。"美国发现吉田茂在中国问题上如此犹豫，基于自身的战略目的，执意要将日本与中国台湾拉到一起。1950年至1951年，美国时任国务卿顾问杜勒斯（1888—1959）多次访问日本，吉田茂在与之会谈时不肯作出与当时的台湾当局结盟的明确承诺，他说："中国问题用武力是解决不了的。自由世界各国应该扩大和中国的接触，使共产党控制下的人民感受到自由世界国家的自由气氛。由于日本与中国同文同种，它比美英两国更能实现上述目的。"杜勒斯则威胁说，日本政府如果不与台湾当局进行媾和缔约的谈判，美国参议院将很难批准《旧金山和约》。1951年9月8日《旧金山和约》由48个战胜国与日本签订。因为当时战胜国内部意见不一致，没有邀请中国政府。1951年12月吉田茂给美国提交了所谓"吉田书简"，表明日本政府与台湾当局恢复邦交。1952年初，这份"吉田书简"公开发表，接着又迅速与台湾当局签订了建立外交关系的《日台条约》。该条约宣布结束日本国与所谓"中华民国"的战争状态，由此奠定了直至1972年20年间"日台关系"的基本框架。其后不久，周恩来代表中国政府发表声明，宣布该条约是非法的、无效的。在此前后，日本国内不少政治势力很难理解吉田茂在中国问题上受美国挟持的苦衷，曾以种种姿态发表与"吉田书简"不同调的言论。像1952年3月21日，日本国务大臣冈崎胜男（1897—1965）在国会宣称，日本政府虽然与台湾当局缔结双边条约，仍将保留其与中国共产党进行外交关系谈判的权利。不过，或许是担心美国政府的脸色，次日日本外务省又对冈崎胜男的发言予以否认，反映出当时日本政府在中国大陆与台湾之间权衡得失时，不得不受制于美国的尴尬地位。

吉田茂

有日本学者回顾当时一般民众、文化人热切关注中国大陆新变化的心态，以及日本政府在中国问题上左右为难的处境，称之为"亲近感"和"惊异感"的对比与交织："不可思议的是，与一般人对'革命'讨厌的心情相比，他们对中国革命的'惊异'竟内含着共鸣、赞美和支持的意思。当谈到中国的革命时，日本人大都觉得很'亲切'。当然，这种'亲近感'并非意味着要与新中国建立全面友好的关系。如前面谈到的那样，其可分为'惊恐感'和'亲近感'两类成分，仿佛是既想与之握手，又显得惊慌失措那样一种心态。"（竹内实：《战后日本文学与中国革命》，《新日本文学》第17卷第10号，1962年10月1日）

2. 顺理成章与水到渠成

一个全新的政权或政府成立之后，要在国际舞台上站稳脚跟并尽快获得普遍承认，必须突破以往少数政治盟友的局限，在对外宣传、交往等外交领域表现出更加主动、更为广泛的努力。与此相对，国际舞台上多数国家在一定时间内会静观其变，至多限于试探的姿态。新中国成立后几年，大体也是这样的情况与局面。

居于新中国政权主导地位的中国共产党的长期政治盟友如苏联和东欧一批社会主义国家，最早承认并开始援助新中国，但这仅意味着新中国走向世界的起步。在中国置身的东亚地区，除朝鲜、蒙古国等共产党政权国家之外，日本对中国的重要性不言而喻。为此，新中国在尚未正式成立外交部以前，周恩来总理便在国务院率先成立的外交事务办公室中，特设了专门处理日本事务的办事机构"日本组"，凸显出日本在新中国外交路线图上举足轻重的地位。当时，国务院设立的外事办公室由陈毅（1901—1972）、廖承志（1908—1983）分别担任正、副组长，外事办公室下设的日本组则由廖承志任组长，他还有一个"廖承志工作班子"，简称为"廖班"。"廖班"的工作机制比较灵活却很有权威，周总理大都将对日工作交给廖承志，由廖根据任务需要，随时召集各部门以及与日本有关的涉外干部，传达、讨论、研究和学习毛泽东、周恩来提出的对日本工作方针和政策，布置并实施对日工作。参加"廖班"的人，包括廖承志在内都另有常任工作岗位，但只要"廖班"有事，便都会招之即来，听从廖承志的领导，其原属单位并不过问。在新中国成立初期，对日工作几乎称得上当时国务院外交领域的重头戏，不仅毛、周亲自出谋划策，而且活动频繁。最能说明这一点的一个证据，就是当时周恩来接见最多的外国人是日本人。曾是"廖班"重要工作人员、被戏称为"四大金刚"之一的孙平化（1917—1997），后来回忆过周恩来等中国领导人格外重视对日本外交工作的原因及其观念：

> 当时在国内的一部分人中产生了如下疑问：为什么要与日本如此热烈且频繁地接触？周总理为什么总要接见所有日本代表团？是否有这个必要？其他国家的代表团可没有这个待遇。这是无论何时都会出现的质疑，也就是说外交需要平衡的观点。周总理却告诉我们他的观点是，中国和日本之间存在着特殊性，所以必须在承认其特殊性的前提下去思考问题。即日本和中国之间不论是从历史的角度来看，还是从其他方面来看，都存在其特殊性，不能因为与其他国家不如此，就不能和日本频繁接触，这是错误的想法。（森住和弘：《这样打开了日本恢复邦交之门》，《中央公论》1992年8月号）

那么，日本对于中国的特殊性何在呢？为什么日本自近代以来不断蚕食中国利益甚至举国穷兵黩武侵略中国，而新中国领导人却特别重视发展与日本的外交关系？这大体基于如下几方面的考虑。

首先，日本是最快成功实现现代化转型的亚洲大国和强国。虽然日本侵华战争给中国造成了空前巨大的伤害，日本的经济与军事等实力也有所削弱，但了解日本内情的中国人都看好其未来的经济发展前景及其在东亚的重要地位与作用，预测今后日本的和平发展将对中国有利也有助，必须逐步促使两国邦交正常化。这便是毛泽东、周恩来着眼于中日长远关系的战略性思维。

其次，日本受中国传统文化的影响普遍而又广泛，中国与日本人联系之密切远过于其他各国。1945年日本战败投降后，蒋介石（1887—1975）代表中国政府发表《抗战胜利告全国军民及全世界人士书》，宣示中国"同胞们必知'不念旧恶'及'与人为善'为我民族传统至高至贵的德性"以及"不以日本的人民为敌"的态度，曾被当时日本朝野解读为"以德报怨"而心存感愧。新中国领导人同样自信，居高临下的道德优势足以博得日本民众对中国新政府的好感与信任。

再次，国民党政府在日本战败后留用日本战俘和技术人员的设想未能兑现，新中国继续热心加强与日本的经济联系以求推动国内建设。尤其是日本财界觉察到，追随美国对中国的经济封锁政策势必使自身受损，日本参众两院于朝鲜停战协定签订的1953年7月底通过《促进日中贸易决议》后，两国经济前景已逐步明朗起来。

最后，新中国政权的核心中国共产党以往曾有与日本共产党、社会党、自民党等政党交往的诸多经验教训。在当时日本刚刚结束美国军事占领，政治体制尚未定型，政府决策仍受美国左右而摇摆不定，特别是1952年吉田内阁受制于美国同台湾签订《日台条约》的形势下，短期内无法与日本建立正式外交关系，于是转向倡导中日"民间外交"，尝试开创性的"以民促官"政策，从长计议推动中日两国关系逐步进展。

当时，周恩来坚信中日关系将会掀开新的篇章，因为"只有解放了的新中国才有资格和日本谈友好，也只有战后的日本才有资格和中国友好"（吴学文、王俊彦：《廖承志与日本》，中共党史出版社2007年版，第118页）。基于以上国际立场与外交政策，"廖班"不失时机地看准、抓紧对日外交的种种可能机会或有利的线索，力争扩大与日本各界人士的交往，不断密切与深化情感、事业诸方面的交流，日积月累地铺垫、延伸着向中日两国关系正常化目标迈进的漫长道路。

日本方面与新中国政府官员接触，开始于日本赤十字社社长岛津忠承（1903—1990）1950年夏天在摩纳哥首都蒙特卡罗国际红十字会会议期间，会见中国红十字总会会长李德全。当时，岛津曾试探请求李德全协助寻找抗日战争期间日本赤十字社救护班333名在华日本人的下落，进而表示希望提供在华日本侨民的基本情况。李德全当即答应愿意帮忙。她回国后向周恩来汇报了此事，很快由廖承志拟订了解决协助日侨回国的计划。1952年年底，中国政府宣布已查明尚有3万多名日本侨民生活在中国，中国方面决定协助他们自愿归国。1953年1月底，日本方面按中国要求派出了日本赤十字社、日中友好协会、日本和平联络委员会三团体代表团，与中国红十字总会代表团会谈。双方在1953年3月正式签订协议，决定将愿意回国的日侨从天津、秦皇岛和上海三处港口出境。中国承担日侨出港前的全部费用，并为其携带物品和兑换外币提供方便。日本方面为回报中国的善意，则同意将愿意回国的华侨以及日本友好团体挖掘、收集的战争期间被掠至日本的3000具中国劳工遗骨送回中国。

与中国红十字总会诚挚地全力促成日侨归国的人道业绩并行，中国政府还热情地想方设法与日本贸易界人士搭建两国经济互通的桥梁。1951年年底，中国政府作为国际经济会议发起人之一，曾邀请日本10位著名人士出席于1952年春在莫斯科召开的国际经济会议，获得对方的积极响应。尽管日本政府拒绝发给赴会人员护照，但绿风会参议员高良富（1896—1993）、社会党众议员帆足计（1905—1989）和改进党众议员宫腰喜助（1905—1966）三人，借出国机会转赴莫斯科会见了中国代表。日本国内听到这一消息，各界代表随即成立了名为中日贸易促进会议的经济合作团体，中国则热情接待了这三位日本客人，并在1952年6月与他们签订了第一个中日民间贸易协定。中日贸易从此打通了第一条渠道。

高良富、帆足计、宫腰喜助在中国参观

接着，这三位日本客人参加了中国保卫世界和平大会于1952年10月在北京举行的亚洲及太平洋和平会议的筹备工作。通过他们的联络与推动，日本方面成立了以松本治一郎（1887—1966）为首的60人组成的大型代表团准备赴会。由于日本政府拒发签证，日本代表化整为零，最终分两路到达中国，以南博（1914—2001）、中村翫右卫门（1901—1982）为正、副团长的日本代表团在亚太和平会议期间的身影与活动备受世界瞩目，也在日本国内引起了强烈反响。

此后，日本推动与密切同中国经贸交往的呼声越来越高，两国间人员交流也日渐频繁，更多日本代表团踏上了中国大陆。1953年7月朝鲜停战协定签订后，日本国会议员促进日中贸易联盟促使众、参两院通过了《促进日中贸易决议》。1953年9月底，该联盟又派出阵容庞大的日本通商使团访华并参加中国的国庆节活动。代表团与中国经过20多天的谈判，于10月29日签订了第二次中日民间贸易协议。1954年9月底，日本又有两个超党派国会议员团访问北京，一个在参加斯德哥尔摩世界和平大会后转道而来；另一个则是应邀参加中国国庆节活动。两个访问团共40余人，不仅人数空前众多，还受到中国政府的高规格接待。至此，中国联系的日本友人越来越多，除经济、文化、社会人士外，还有不少日本政治家开始与中国打起了交道。

新中国如此争取与创造条件在国际舞台上展示优雅的身段与文明形象，既出于真诚和善意，也是外交拓展顺理成章的举措。然而，要赢得如日本似近邻般的依赖与合作，并非唾手可得或一蹴而就，需要多方的努力以及持续积累成果。众多的试探与铺垫到新中国成立5年后似乎水到渠成，中国第一次向日本派出了以李德全为首的中国红十字总会代表团。中日两国间这种基于"你来我往"的对等礼节的外交安排来之不易，最令人印象深刻的是当时那种出乎意料的轰动效应。现代中日关系舞台上这一盛况空前的大戏，至今值得回顾并仍耐人寻味。

3. "千呼万唤始出来"

中国古籍《礼记》有云："礼尚往来，往而不来非礼也，来而不往亦非礼也。"外交关系无非"你来我往"的活动。新中国成立伊始，中国政府尽力邀请众多日本人士访华便属于"你来"，无论是协助日侨回国还是商谈经济贸易，都是新中国政府核心领导主动邀请、安排周到，既热情又有效率；而受邀来华的日本团体与人士为感恩致谢，拟议邀请中国方面回访日本，中国政府同样期待能够"我往"。不过，由于日本政权更替频繁、各种政治派别掣肘制约，尤其是美国、中国台湾等的顾忌甚至反对，导致日方邀请的最终兑现经历了一波三折。中国代表团首次东渡就像唐代诗人白居易（772—846）《琵琶行》中的名句，"千呼万唤始出来"。中方心目里的"出来"目标，就是争取在日本国土上亮相；而在日本邀请方看来，"出来"这两个日本汉字的"能够""实现"等含义，意味着也有相当难度。但唯其如此，更加激发了日本各界争取中方代表团访日的紧迫感和期盼心情，等到中国代表团成功东渡，在日本引发的轰动效应便格外引人注目。

1953年2月，日本赤十字社的代表初到中国商谈日侨回国事宜时，同行的两团体即日中友好协会和日本和平联络会议代表，已率先表示过邀请中国红十字总会代表团访日的意愿。

会议将结束时，日本赤十字社社长岛津忠承正式向中国红十字总会会长李德全提出了这一邀请，以示回谢中国政府帮助日侨归国的努力。以后，日本赤十字社干部曾随首批自日本回国的华侨到中国，再次转达了邀请中方访日的诚意。对此，中国红十字总会代表根据廖承志的讲话精神，向日方表示了接受日方邀请的肯定态度："衷心地期待着访日的实现。"

日本赤十字社负责人历来多与皇室关系密切或者拥有世袭贵族身份，时任会长岛津忠承也出身贵族。而且在日本，属于社会慈善性质的红十字会的声望几乎与大德高僧不相上下。按说由岛津先生领导的日本赤十字社为答谢中国协助日侨回国的善意，出面邀请中国红十字总会代表团访问日本，符合"你来我往"的惯例，岛津先生回国后却受到"未经政府授意而擅自邀请中国红十字总会代表团"之类的指责。据查，1953年9月11日，在与日本外务省亚洲局第五课会商第三批华侨回国事宜时，日本"三团体"已提出拟在日侨大体归国结束的当年11月，邀请中国红十字总会代表团访日的建议，而对方则以"首要的是日侨归国问题"为由加以搪塞与敷衍。（日本外务省档案：《各国红十字会相关杂件——关于中国红十字总会代表李德全一行访日》，1953—1954年）后来，日本赤十字社再次询问，外务省更表示了拒绝，理由是此事"可能被中共和左翼运动利用，影响日美关系"。

显而易见，日本外务省负责对华的职能部门无权决定此事，可以就此推测这一回答是外务省从内阁最高领导人处听取了指示。从当时吉田茂的政治立场看，他一直对共产主义理念和共产党阵营怀有警觉与防范心理，对日本国内共产党势力的限制和镇压毫

上编　李德全在日本外交首"秀"

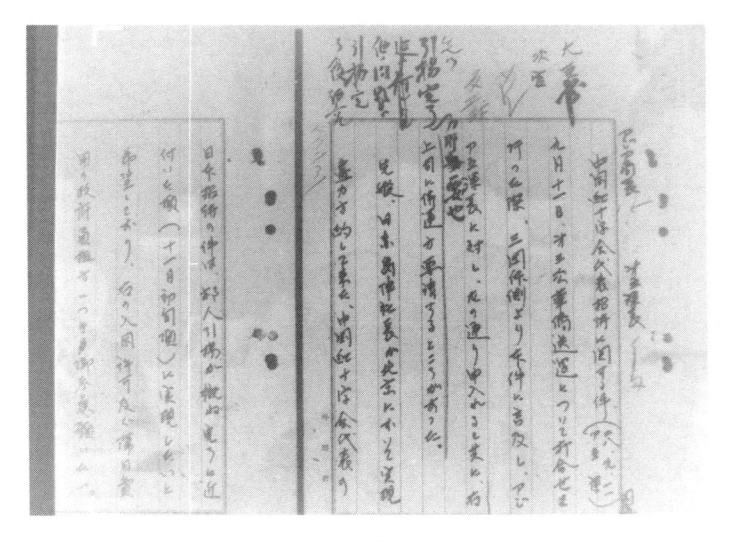

外务省档案 1

不手软，对新中国共产党政权自然也持有怀疑的眼光及希望保持距离。另外，当时日本政府立足于实用主义政治立场，实行对美国一边倒的外交战略。而且在与中国台湾当局签订《日台条约》不久的情况下，对新中国政权的接触自然以宁少勿多为妥。以长期从事过外交活动的吉田茂审时度势、权衡利弊的眼光来看，只有尽量少与北京方面来往，才能让中国台湾及其保护伞美国政府放心，日本政府也才有尽早恢复自主行事的可能。为此，吉田内阁无疑会觉得邀请中国红十字总会访日属于某些人与团体的无事生非、添乱惹祸，对各团体邀请中方的申报拖延或拒绝是毫不奇怪的。同时，下属人员部门对上级意图"过度解读"或"煞有介事"也在所难免。比如，当时日本外务省对华职能部门曾对内阁

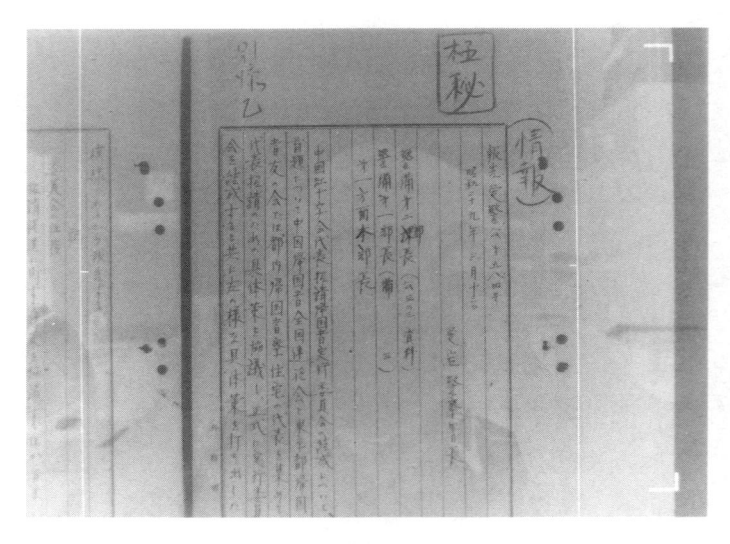

外务省档案 2

这种"冷处理"的姿态杯弓蛇影,竟然把自中国回国的战俘、战犯团体"中国归还者联盟"为促成中国红十字总会代表团访日而组成"实行委员会"会商工作,视为"敌情"向地方警察署"报警"。查核外务省的解密级档案,可以发现1954年3月一份标示为"報告愛警公第584号"的"信息"抄件,上写有"绝秘"字样。抄件"举报"的内容是"关于归国者邀请中国红十字总会代表团实行委员会"。这份"报警"抄件写道,"据了解,中国归国者全国联络会和东京都归国者友之会代表在东京都内归国者公寓聚会,为协商邀请(中国红十字总会)代表团具体方案,正式成立实行委员会","选举上原三雄为会长",并举报了委员会的任务与具体方案如下:

一、任务：除协商促进邀请的计划之外，与由日本赤十字社、和平联络会和中日友好协会构成的"三团体"密切联系并共同努力，对有关部门做工作。

二、促成邀请的具体方案

1. 各位归国者在居住地区积极召开座谈会、文艺晚会等活动，将邀请红十字总会代表的宗旨和意义宣传到一般国民当中。

2. 具体协商邀请成功后如何接待，并在以上活动中进行为促成邀请的签名运动。

3. 与各地区工人、农民及市民各团体共同向地方议会等提出要求（※不清楚要求的具体内容）。（日本外务省档案：《各国红十字会相关杂件——关于中国红十字总会代表李德全一行访日》，1953—1954年）

以上"信息"显然属于草木皆兵，所举报的情况并非"密谋"类非法活动。事实上，后来为促成邀请中国红十字总会代表团访日，日本众多团体曾公开联合行动。日本政府的暧昧态度迫使各种对华友好社会团体千方百计对政府施加压力，以"事在人为"的信念和行动迫使其转变态度。在其后几个月里，日本各种团体、各都道府县议会与政府以及多位著名人士，要求批准邀请中国红十字总会代表团访问日本的请求书和决议类信件，像雪片一样飞向外务省及其他政府机构。日中友好协会为支持岛津先生代表日本赤十字社邀请中方访日，还将1953年10月定为"日中友好月"，并在东京青山的日本青年会馆召开千余人的大会，由西园寺公一（1906—1993）提出的邀请中国红十字总会代表团访日的决议案在会上获得一致通过。接着，日中友协还在全国开展了支持这一决议案的签名活动，各车站和繁华街道上都可见到要求邀请中国红十字总会代表团访日的标语，媒体相关报道更是热烈空前。一时间，此事成了日本朝野议论得最热烈的与最敏感的话题之一。

不难想象，当时这种态势曾给日本政府造成了巨大的内政与外交压力，迫使吉田内阁不断推敲、选择能使国家利益最大化的折中与妥善解决办法。实际上，吉田茂接受美国政府授意，与包括中国台湾在内的西方世界"单独媾和"，执行"一边倒"的外交路线，甚至表示"无意与中共政权缔结双边关系"，同时也曾设法为日本今后外交留下周旋的余地。如他事后回顾的那样："对于我来说，同台湾友好，促进彼此经济关系，本来是我的宿愿。但是我也想避免更进一步加强这种关系而否认北京政府。这是由于我认为：中共政权到现在为止，虽然看来似乎和苏联保持着密切的关系，但是中华民族在本质上存在着和苏联人不能相容之处。文化不同，国民性不同，政治情况也不同的两国，终将形成互不相同的状态。因此，我不希望彻底使日本同中共政权的关系恶化。"（吉田茂：《十年回忆》第3卷，世界知识出版社1965年版，第43页）吉田心中很清楚，新中国获得各国承认、走向世界舞台乃是大势所趋，日中两国不可能一直分离、敌对下去。所以，他在1954年出访欧洲时，曾表示希望英、法等国家同新中国进行并扩大经济、政治诸领域的来往，言外之意在暗示日本也会步其后尘。只是为稳妥起见，不愿为此惹怒美国和中国台湾当局，担心其反应太过激烈。不妨说，当时吉田的对华政策属于"两步走"，就是先与"现在支配台湾、澎湖列岛的政府缔约",待"中共政权改变目前做法"时,"再与中国结成全面的睦邻关系"。

在此前后,讨论和平解决朝鲜问题和恢复印度支那和平问题的日内瓦会议于1954年4月26日至7月21日召开,全世界对新中国政府在会议期间的成功表现和积极作用有目共睹。在这样的内外舆论压力之下,"日本国会议员促进日中贸易联盟"和众、参两院"海外同胞遣返特别委员会",不断向日本国会提交超党派的"关于邀请中国红十字总会访日的决议",并于1954年5月先后在众、参两院分别获得通过。邀请中国红十字总会代表团访问一事经过日本朝野近20个月的磨合,最终吉田内阁在1954年8月3日正式同意中国红十字总会代表团入境。正如中国俗语所说的"好事多磨",只有了解日方邀请成功的艰辛与实现来之不易,才能理解周恩来总理为什么在代表团临行前会有"只要能到达日本便是胜利"的嘱托,那确实是有感而发的。

二 新中国代表团轰动日本

1. 李德全先声夺人

在当时首次受邀访问日本的中国红十字总会代表团中,日本各界聚焦的核心无疑是团长,即时任中国红十字总会会长的李德全女士。

其实,李德全在日本早已不是陌生的名字。新中国成立20年前的1929年6月21日,《朝日新闻》曾报道过李德全先于丈夫冯玉祥(1882—1948),于1929年6月18日到山西省运城与军阀阎锡山(1883—1960)的夫人会面的消息,报道说她18日"会见了阎锡山夫人并之交谈冯玉祥准备下野出洋的问题"。1929年6月24日该报又报道了冯携夫人与女儿于前一天到达太原，与阎锡山协商下野问题的新闻。但是，日本媒体当时并未说明，所谓冯"下野"的说法，实为1930年蒋、冯、阎中原大战前的一时假象。1932年2月21日，《读卖新闻》又刊登了冯玉祥夫人李德全率领"女子抗日军"到达上海的消息。1937年5月25日，《朝日新闻》还报道了时任中华民国军事委员会副委员长的冯玉祥同夫人李德全到达山东省泰山，出席那里的革命死难者祠堂揭幕仪式。不过，李德全的名字与照片再次铺天盖地出现在日本媒体上，则开始于1950年中日两国谈判日本侨民归国问题以后。在当时，李德全几乎被日本各界视为成立不久的新中国政府的一种象征或对日关系代言人的形象。这无疑是因为，新中国成立后迫在眉睫必须接触与解决的中日关系的课题，首先是日本战败后遗留在中国的日本侨民以及关押在中国的日本战犯这两大问题。日本与中国沟通、协商这两大问题，首要的中国窗口是中国红十字总会，而这一新中国机构的负责人就是旧日军阀夫人、当时兼任中央政府卫生部部长等数职的女官员李德全。

1952年年底，在中国政府宣布查明尚有3万多名日本侨民滞留、生活在中国，并表示决定协助日侨自愿归国之后，1952年12月16日《朝日新闻》在"特写"专栏中曾以《地道的基督教徒——儿童福利事业有成》为题，开始比较具体地介绍李德全。作者写道：

在中国，有不少人只看名字并不能分清楚是男还是女，担任北京政府的卫生部部长李德全便是其中之一。作为女人名字,尽管能够明白其中的"德"指妇德,"全"的意思是其"十全",但日本人却从来未见。

她与男性差不多的并不只是名字,那黝黑的圆脸,从后面乍一看也会以为是男的。据说这是因她出生在河北省通县,是典型的北方女性。李女士除了是卫生部部长,还担任相当于日本赤十字社的中国红十字总会会长。7月国际红十字总会在意大利的多伦多开会时,她曾率领中国红十字总会代表出席,以细菌战为例展开过热烈的辩论。这次因新中国地区"三万"遗留日本人回国问题,李女士又以中国方面当事人引人注目地出现在我们面前。如果日本代表去北京,必定与中国红十字总会会长李女士见面。

她不是中共党员,而是自人民政协会议以来与中共合作的所谓"民主人士"之一。这次能和宋庆龄一起以妇女身份担任政府要职,有人说是因为如同宋女士是国父孙中山的未亡人,她乃是已故冯玉祥将军的未亡人。由于以亲苏反蒋闻名的冯将军因意外逝世未能得见新国家诞生,便让夫人担任要职以代偿其功绩。这种说法并不恰当。与冯玉祥的关系姑且不论,她自身以往的经历与目前的要职正相匹配。出生于三代牧师之家的她是地道的基督教徒。其首先进入北京有名的一流学校贝满女子中学,后转入洛克菲勒财团经营的协和女子大学,但因琐事曾对美国教师强烈不满,可见李德全心中怀有深刻的民族意识。

毕业后她成为贝满中学教师,后又担任北京基督教青年会干事,29岁时成为冯将军的继室。据说,冯将军能有"基督将军"的绰号,完全是夫人感化的原因。后来,她随同丈夫遍访革命后的蒙古、苏联，抗战中曾在重庆的妇女慰劳协会、中苏文化协会妇女委员会等任职。在战后的内战混乱时期，她组织了中国儿童福利事业协进会，致力于保育事业。如今在北京政府领导下，全国共有65000所幼儿园、收容儿童45万名，以往中国从未有过如此保育事业的发展，自然是以她那时的努力为基础。

1948年，她与将军一起从美国经苏联回国途中，乘船在黑海发生火灾，冯将军被烧死。一时间传闻夫人同样遇难，但不久悲伤的她在祖国现身。第二年便参加了人民政协会议，新国家成立时就任卫生部部长兼任红十字总会会长，全力领导新中国的保健卫生和福利事业。其年龄不详。

在这篇报道中，除有几处文字不够准确，如国际红十字会总会召开会议是7月在加拿大，而非在"意大利"；冯玉祥在与李德全结婚前已经皈依基督教，其宗教信仰并不"完全是夫人感化的原因"，以及"北京基督教青年会"应为北京基督教女青年会之类，大部分叙述符合事实。文中特别强调指出，李德全担任新中国首任卫生部部长和中国红十字总会会长，主要基于自己长期投身儿童保育、教育与福利事业的坚强毅力和可观成就，并不只是新中国政权核心中国共产党认同其已逝丈夫冯玉祥亲苏反蒋的政治立场。这反映了当时日本媒体观察李德全的眼光比较客观，评价标准也堪称公正。毫无疑问，日本朝野和媒体对李德全生平细节及其率领新中国政府首个访日代表团的全面了解，确实经过了一定的时间与过程，后来媒体的相关报道也在与时俱进，更加正面与详尽。而像《东京朝日新闻》最初对李德全如此客观、公正的介绍，奠定了后来中国红十字总会代表团整个访日行程的良好与热烈的基调。文中对李德全印象的个别夸张之笔，也被以后的报道沿用了，如该报1954年10月31日"天声人语"栏中的评介就是如此，日本各界热衷于浓墨重彩地渲染了李德全"神奇"的一面。如今回顾日本媒体对李德全的这种关注焦点，不难发现日本朝野对她及其率领的新中国红十字总会代表团的最初兴趣或观察，至少集中在以下几个侧面：

李德全晚年

一是，发现共产党领导下的新中国政府也有以社会慈善、福利为宗旨的红十字会组织。该机构不仅与国际红十字会运动接轨与同步，而且工作相当认真与有效，这已有前几年与日本赤十字社密切协商并既积极又有条不紊地安排遗留在中国大陆的众多日本侨民回国的善举为实证。如此赢得广大日本民心的新中国慈善业绩，似乎可以李德全既有女性温柔本色，又显男性干练性格的"老妈妈"形象来解释，关于共产党如"洪水猛兽"、"惨无人道"之类谣传也不攻自破。如李德全访日前日本报纸曾介绍说："约五十五六岁，圆脸黝黑、身体粗壮，英语讲得流利，因稳重而很有威望，给人的第一印象是严肃。"(《红十字家庭新闻》，1954年9月15日）可见，日本朝野对新中国政权的看法开始由怀疑转向正面与肯定。

二是，李德全具有基督教徒和旧军阀夫人等身份，当时还不是共产党员却在新中国政府中担任高级领导职务，这一看似"矛盾"的例证，意味着对外展示了新中国以共产党为核心、以"政治协商"体制为特色的新政权具有多元、联合、包容等性质。这样的官位与人选同苏联共产党政权单一、纯粹的色彩形成了对比效应，使日本人能够想象和理解，新中国政权并非那么极端或违背世之常理、人之常情，随之引发了日本民众对新中国政府的亲近感与信任感。与基督教在日本的形象主要是和平、友爱有关系，尽管早在20世纪30年代，李德全已经淡化了基督教信仰并逐渐向共产党无神论世界观靠拢，但在她几次访问日本期间，日本媒体仍非常喜欢谈论她曾是基督教徒的话题，甚至说她是"永远的基督徒"。

三是，李德全以女性身份在新中国政府中担任相当于"内阁大臣"的高级职位，这在当时的日本是不可想象的事情，最具有相当强烈的冲击力。依照最早在1952年冬召开亚太地区和平会议期间见过李德全的日本女活动家高良富的印象，她"黑脸膛，圆脸上戴着眼镜，大约有120斤重的大块头，穿着黑粗棉衣，让人觉得像是善良的'大妈'。从她耐心说服澳大利亚代表的劲头，看得出其信心满满"（高村耕一：《李德全女士——红色中国的基督教徒》，《人物往来》1954年10月号）。"解放妇女""男女平等"本是现代文明的鲜明与重要特征之一，而比中国早一步现代化的日本却尚未出现像李德全一样的妇女活动家和政治人物。李德全那样质朴、普通的女性竟能够成为新中国政治舞台上的重要角色，当时日本人大都对此表示关注甚至好奇，并不难理解。

2. 一路轰动一路情

首次访问日本的中国红十字总会代表团，除团长李德全外，还有副团长廖承志，团员则有红十字总会副会长伍云甫（1904—1969）、红十字总会副秘书长倪斐君（1912—1966）、红十字总会顾问赵安博（1915—1999）、红十字总会联络部部长纪锋（1929—1998）、代表团秘书肖向前（1918—　）、新华社随团记者吴学文（1923—　）、翻译杨振亚（1928—　）和王效贤（1930—　），共10人。周恩来总理在代表团临行前曾嘱托廖承志："你要辅佐李大姐，一定要把这个团带领好！"因此，代表团访日期间的具体会见、商谈等事务多由廖承志主持或参与，李德全则是全团"形象代言人"的角色。代表团从1954年10月30日开始，访问了日本的东京、横滨、名古屋、京都、大阪、神户六个城市，共计14天行程始终是轰动日本的头条新闻，各媒体几乎逐日逐时报道，铺天盖地的文字与照片令人目不暇接。

在中国红十字总会代表团到达东京羽田机场当天晚上，前往迎接的日本人挤满了候机大厅，机场外还会集了3000多个欢迎的人，其规模与热烈程度超过了以往欢迎任何到访的外国民间代

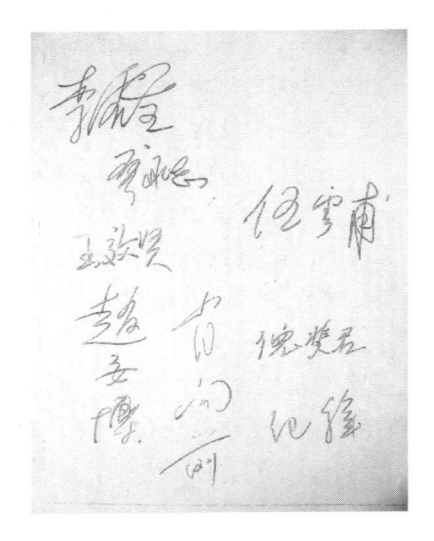

代表团成员签名

团。而日本各界关注这个首次来访的新中国代表团，焦点一直聚集在团长李德全女士身上。事后曾有日本记者解释其中的原因说：

> 1954年秋，李德全作为中国红十字总会代表团访问我国时，日本报纸曾不约而同以欢迎的笔调不遗余力地加以赞美。
>
> 从东京开始的各地欢迎气氛，几乎都把她视为"中国的海伦·凯勒"一样的圣女。显而易见，当时的我国确实有原因只能呈现那个样子。
>
> 战后已经有10年，尚未回到祖国的多数不幸同胞无论如何都想回来，对中国红十字总会会长李德全女士像救世主一样看待并非不可以理解。其中，即使特别指明她是

生前未能完全获得肯定评价的冯玉祥的未亡人，或者其自身贫苦的过去之类，也没有什么不合适。何况还有不少日本人认为，借战犯或留用人员的名义无限期扣留在中国的日本人是中共的一种人质手段。不过，不必说未回国者的留守家属，对于大多数日本人而言，无论如何当务之急都是让在异国他乡向隅而泣的可怜同胞早一天、多一人回来。因此，尽管对中共有所不满也要忍耐，便少有人觉得有必要过问李德全过去怎么样。这是欢迎她的客观环境与观众心理，报纸无非反映了这样的国民感情。

进而，李德全女士无非是在这一舞台登场表演的角色，作为导演的中共可能已经预想到这样的演出效果，就像过去冯玉祥将军见到年轻的李德全，一定是个漂亮女人。（桔善守：《应邀目睹的中共》，每日新闻社1956年版，第158—159页）

中国代表团到达东京

文中所说的海伦·凯勒（Helen Keller，1880—1968）是美国女聋盲人慈善家、社会活动家。1921年成为美国盲人基金会领导人之一，基金会尽心效力，千方百计为盲人和聋哑人筹集资金。第二次世界大战期间，她访问过多所医院，慰问伤病员。她的顽强与慈善精神有口皆碑，被视为世界妇女的楷模。当时，日本人将李德全比作海伦·凯勒，主要着眼于她对日侨与家属团聚的期待感同身受并尽心尽力。日本媒体对她和中国红十字总会代表团访日行程的跟踪报道，无不围绕着这一基调。

自中国红十字总会代表团抵达东京羽田机场那一刻起，日本朝野的目光不约而同地聚集在李德全身上。据报道，当她最先从舷梯走下踏上日本国土，机场上"摇动的小旗"立刻"沙沙作响""掌声一片"。在闪烁不停的摄影灯光中，日本媒体眼中的李德全身穿黑色大衣配深紫色中国旗袍，有着温和的笑脸与微胖的身躯，她带着"稍微有点惊异的样子走了下来"，微笑着与日本赤十字社社长岛津忠承先生等一一握手。接着，以岛津会长11岁的三女儿庆子为首的10名日本少女上前献了花。"李团长走到麦克风前，用中国语朗读颂扬中日友好的声明，词语清晰，语调高昂。"（《李德全女士等昨晚到京——羽田欢迎阵容盛大》，《朝日新闻》1954年10月31日）

紧接着，10月31日《朝日新闻》在晚刊中，报道了当天上午李德全率领代表团同去住处拜访的岛津忠承先生一起访问日本赤十字社总部，向他递交《日本侵华战争罪犯名册》的情形。这被日本朝野看作李德全等首访日本带来的最重要的礼物。

当天，日本赤十字社总部只有悬挂大红十字旗的正门敞开，严格限制进出。门外站着举着红旗、不能入内的工人，门内则有可爱的少年红十字会团员，人人手中拿着小红十字旗，合唱少年红十字之歌《天空连着世界》，等待代表团一行。11时36分，李团长、王翻译乘坐的1号车率先进入正门，身穿茶褐色中式服装的李德全微笑着走下车，与等候的岛津会长紧紧握手。

记者特别描述了在日本赤十字社当晚为中国代表团举办的欢迎宴会上，李德全不仅亲切地接受了东京都目黑区原町小学一年级女学生田村节子的献花，还抱起这个女孩与她做了贴脸的亲昵动作，仿佛在证实人们心目中的"大妈"形象。

与侧重描述李德全音容笑貌的消息不同，还有一些报道热衷于反映她在依次与日本各相关机构的公务类接触之外的另一面即所谓"人情味"。她见缝插针地穿梭会见老朋友，祭拜在日中国人的相关遗迹，这使李德全在日本人心中的形象更显温馨和亲切。比如，10月31日晚刊《读卖新闻》报道了当天中国红十字总会代表团的例行活动，特别提及曾任李德全丈夫冯玉祥军事顾问的日本人松室孝良，早晨去代表团住处拜会李德全，以及廖承志见日本老朋友清水谦的情景。次日，代表团在去著名风景区箱根途中，于神奈川县藤泽市出席了为纪念在当地溺水而亡的新中国国歌曲作者聂耳（1911—1935）之碑揭幕式。"当日在会场中心聚集了横滨的华商以及由学童组成的黄河合唱团、中国音乐研究会成员等约两千人，他们手持两国小国旗列队，纪念碑的幕布由李

李德全接受日本小学生献花

女士和（藤泽市）金子市长共同揭示。"李德全在纪念碑前献上鲜花，并致辞说："藤泽市各位亲手为我国伟大作曲家聂耳先生建成纪念碑并举行盛大揭幕式，中国人民特此深表感谢。"（《李女士献花》，《朝日新闻》1954年11月2日）

除了个别会见，中国红十字总会代表团在访日期间先后参加了在东京、京都和大阪举行的三次欢迎集会，与会日本人和华侨分别为3000人、1.5万人和3.1万人，规模越来越大，气氛也越来越热烈，堪称一路轰动、一路热情。在访日行程即将结束的11月12日，《朝日新闻》晚刊发表了妇女社会活动家、评论家丸冈秀子撰写的《与李德全女士的三十分钟》一文，描述了对李德全在离日前莅临日本妇女团体欢迎会时的感

李德全在聂耳墓前献花

观印象,可以代表日本媒体对中国红十字总会代表团"首秀"日本完美收官的总结性评价。

  李德全女士端庄落座在充满欢声笑语的日本赤十字社礼堂正面。

  我听到妇女团体欢迎会的消息有些迟,等急急忙忙赶到那里时,出人意料地被卷入笑语声中。李德全身材高大,在座位上应酬着,被包围在欢乐的气氛中,毫无架子或做作。

  在歌舞表演间隙,我过去与她握手交谈。今天她穿着黑色中国服装。盘紧的头发上没有任何饰物。镜片后闪亮的眼睛时而锐利,时而温和。让人觉得像是主心骨刚强的大树。我在想,日本女性中谁有这样的风度呢?有点像

（呼吁世界和平七人委员会成员）植村环？

……

　　李德全女士能有人缘，或许是因为她令人觉得轻松平和，再加上擅长表达并善于倾听。受其感染，她们临走时我赶快告诉她：

　　"妇女中过去的人和当今的人没有什么两样，也没有必要因立场或见解而势不两立。整个妇女群体毕竟年轻一代已经在社会上赢得了话语和权利。"她深深首肯。

　　李德全一行访日是赤十字社同行之事，任务也限于侨民回国，但就此事与在外家族归还者们的泪水相连而言，恐怕不能说同日本全国妇女对和平的心愿毫无关系。

　　送别道路上的人群，心中充满着惜别之情，欢呼声响成一片。目送远去的车辆，晴朗的夜空洋溢着秋天的气息。

李德全与日本妇女握手

以这位日本妇女活动家的眼光来看，李德全作为新中国"形象代言人"能够赢得日本朝野认可，不仅因为她外表的慈祥、朴素与可亲，还有内在的刚毅、自信和沉稳。她对日本的态度既友好又有原则，象征着新中国女性的政治才能与温柔性情双重素质，这的确是李德全的整体本色。

3. 干扰与凶险

当李德全率领中国红十字总会代表团结束访日之时，自始至终经手操办此事的时任日本赤十字社副社长葛西嘉资如释重负地长舒了一口气，情不自禁地感慨良多。他曾发表署名文章，既欢送李德全回国，也回顾了中国红十字总会代表团成功首访日本的曲折过程。文中说："邀请李女士一行，我最苦心孤诣的是落实政府'不能被政治目的利用'的要求。"（葛西嘉资：《送别李德全女士》，《朝日新闻》1954年11月13日）

自日本民间团体提出邀请李德全等访日的动议开始，日本吉田茂内阁一直处于左右为难的犹豫、矛盾的困境。日本政府无疑对推动在外日本人归国有不可推卸的责任，但又顾虑美国、中国台湾等指责其与新中国过于接近或关系密切。如意的算盘是既希望新中国政府尽早释放战犯和帮助日本侨民回国，又使邀请中国代表团访日的设想搁浅。因此，日本众议院在1954年5月27日、参议院在次日先后通过邀请中国红十字总会代表团决议案之后，时任外务相冈崎胜男（1897—1965）在表示"尊重"两院决议的同时，又说"因为院议并未特别说明应何时给予入境签证，不知道此事什么时候"会实现，意在回避明确表态。到8月1日，冈崎外相又表现出顺水推舟的姿态，说"关于遗留在中国地区日本人回国，协商邀请李德全女士也是办法之一"。(《邀请李会长也是一种办法》，《朝日新闻》1954年8月2日）时隔一天，冈崎外相在8月3日出席阁僚会议后再对记者说："从各种情况看，最近关于这个问题，已出现了不得不做出决定的局面。"尽管第二天日本外务省又追加了"不要被政治利用"的条件，这一动态仍引发了中国台湾方面的警觉和不满。据日本媒体8月8日发自台北的报道说："日本政府决定在日本接待以李德全为首的中共红十字总会干部，给以往对此事大体乐观的（台湾）国民政府造成了冲击。传说国民政府方面表示，基于日本与国府的友好关系，日本政府应该谨慎处理接待中共干部一事。"(《李德全女士访日决定对国民政府造成冲击》，《朝日新闻》1954年8月9日）这意味着，与日本外务省关于邀请李德全等访日"不要被政治利用"的提防正相反，此事最终恐怕仍难免"被政治利用"。

首先，台湾驻日"大使"董显光8月26日以严厉口吻发布声明说："关于日本赤十字社邀请李德全女士问题，我政府曾要求日本政府加以阻止。但甚为遗憾的是，基于日本的内情，并未真正兑现。李德全不仅是中共红十字总会会长，还是中共组织的高级职员。接待中共组织的高级职员，以前在自由国家中几乎没有过。接待李德全显然对日本不利。中共红十字总会并非一般自由国家的那种纯粹民间团体，李女士一行势必怀有共产主义的阴谋，身带对日本渗透等各种任务。其目的是离间自由各国与日本，割裂日本政府与国民，是违反日本政府政策的。"

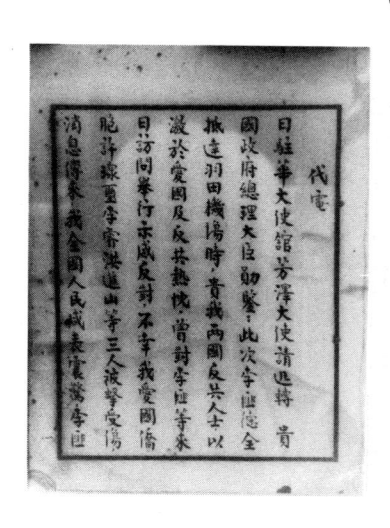

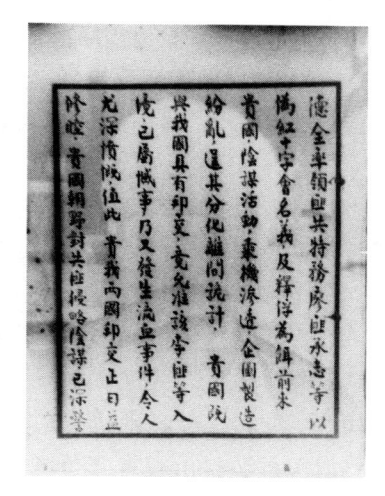

台湾致日本外务省电文

其次，据说台湾当局甚至非正式地向日本外务省透露，要由"国民政府"对李德全等10人发出逮捕令，让日本政府逮捕他们后引渡至台湾。对于这样的要求，日本外务省当然不会回应。后来，台湾当局又密谋派战机在半路劫持中国红十字总会代表团乘坐的飞机到台湾。无奈这一阴谋被北京方面知晓，代表团决定先派3人在1954年10月28日乘英国航空班机去东京，余下7人再在30日乘加拿大航空班机后到。台湾的阴谋再一次落空。

在以上凶险的谋划招招失败后，台湾方面最终只拉拢到少数青年学生，在先遣的倪斐君等3人和李德全等7人分别于10月28日、30日到达东京时，唆使他们聚集在羽田机场的日本海关外，打出写有"侨胞不受共匪的欺骗"字样的白布条，呼喊"反对欢迎"的口号，并散发以日语、英语印制的数百张传单。只是他们的种种作祟先后被日中人群欢迎代表团的呼声淹没。两批代表团成员都避开了这些闹事的人，象征性地办妥入关手续后，顺利通过了海关，当时的整体热烈气氛并没有受到太大的影响。

日本政府通过各种治安情报，事先预测到了中国红十字总会代表团访日将引发欢迎与反对两种政治势力的对峙与冲突。日本公安调查厅、警察厅、内阁调查室等曾会商接待李德全等人的安全护卫事宜。他们所发布的为李德全等人访日日本共产党计划动员近万人，开展专项"欢迎及防卫斗争"的说法或许有些夸张，但日共、工会、学联、在日朝鲜人等组织确实成立了各种队伍，全程参与了保卫中国红十字总会代表团的行动。日本政府很清楚，在这种情况下，他们自身无法对李德全等人的保卫工作置身事外。政府既然已经同意邀请中国代表团访日，就必须成为保卫这一轰动全国的外事来访活动的主导力量。

在中国红十字总会代表团的十多天访问中，始终伴随着日本友好团体与民众配合警察保卫李德全等人，也始终存在着日本右翼势力和台湾当局暗中勾结，试图破坏访问活动、伤害代表团成员的激烈斗争。按照刊登于1954年12月的日本杂志《真相》第75号上的《绑架李德全计划的失败》一文的说法，首先参与密谋凶险阴谋行动的，是日本的极右暴力团体"生产党"。在此前后，该团体头面人物频繁出入台湾驻日"使馆"，据说还从那里领取了资金。不过，似乎台湾方面对日本右翼参与破坏活动并未有太大的期待，他们将更大的赌注押在了战后长住日本的台湾特务头子严灵峰身上，同时指派台湾省警察处副处长兼警察行刑队队长刘才青率周化姗、熊学彩等杀手到日本。国民党特务机关蓝衣社暗杀"四大金刚"之一的唐纵、陶一册，也分别从台湾和香港到东京聚集。其中，严灵峰作为整个行动组的负责人与台湾驻日情报人员合作，留日学生孙德成以行动组秘书身份直接与台湾驻日"大使馆"联络。刘才青则由严指挥，日本与韩国的暴力团也听命于严、刘二人。这些人的临时联络处设在东京日比谷的日活会馆的地下餐厅，横滨的"海员之家"则成为暗杀据点。为了此次行动，据说台湾向日本划拨了20万美元经费，换算成日元为7200万日元。

中国红十字总会代表团抵达日本后，在陪同与欢迎的行列中屡屡夹杂着不和谐的面孔或行为。如1954年10月30日傍晚，在李德全乘坐的车队驰向住地的路上，不知何时混进了一辆黑色轿车。有人发现车里的5个人是右翼团体"殉国青年队"的日本人和朝鲜人。11月1日在代表团去箱根的弯曲山路上，来历不明的车子增加到三辆，它们疯狂穿行，搅乱了车队秩序。护卫的警察被迫动用五辆警车加以牵制。这八辆车相互较劲，你碰我撞，甚至彼此在山道上擦出了火花，异常危险。此后，这些古怪的车辆时而再次出现。11月11日傍晚，中国代表团去椿山庄出席日本方面举办的欢送宴会，又是那辆黑色轿车跟随到宴会厅前。其消失后不久，从横滨开来五台巴士，载着反对代表团的人群下车示威，主要是台湾驻横滨"总领事馆"直属华侨学校的学生和馆员的孩子，中间还有50名"殉国青年队"和"生产党"成员。

显而易见，这些反对活动的组织者不会满足仅仅动员一些人跟随中国代表团搞些聚众宣传之类的活动，他们还曾试图使用暗杀代表团成员的手段。不过，在代表团近两周访日行程中，这些家伙似乎始终没能找到行凶的适当机会。这一方面是因为警察在代表团驻地及其出行的路上戒备森严；另一方面在集会时，日本民众与李德全等人水乳交融、亲密无间，即使当真下手也难以脱身，导致暗杀的企图一再迟延而未能得逞。他们最初来势汹汹的筹划与最终一败涂地的结局形成了强烈对比，也让时任首相吉田茂大为光火。文章最后评论："如此一来，李女士一行来日使热爱和平的日本国民大受感动并能平安回国，其附带的结果则让另外一批流氓分子得到了意外之财。"

后来，当中国红十字总会代表团圆满结束访日行程回国时，《朝日新闻》刊登了受日本赤十字社委托、被警视厅派遣全程陪伴中国代表团的警备一部警卫课警部衔警察伊藤实（45岁）接受该报访问时的谈话，讲述了他如何形影不离地护卫李德全等人的经历及其感受。

那是在上月 15 日接受日本赤十字社委托后的事，我和杉山君（杉山满巡查）受选担任了警卫。因为不会讲中国语，或许该有更适合警卫工作的人。警视厅将警卫李女士视为外国贵宾，除现场由我和杉山君跟随照看以外，在帝国饭店一直有三个便衣昼夜轮换负责警戒。外出时的警卫问题众所周知，最担心来自某方面的刺客，还不得不考虑个别的坏人。因为涉及国际信誉，李女士的身体一点差错也不能出。通过帝国饭店内部入侵的人大概不会有，最担心从饭店外部的射击、扔石头以及出访的时候。在饭店里，李女士的电灯关了我们也同时离开，窗帘一并拉上，尽力不让外边知道李女士住在哪个房间。外出时车子拐弯减速时最容易瞄准射击，因此每到弯道的时候都要捏一把汗。这并非夸大其词，据说有相当确实的情报，某方面曾挑选几个著名枪手潜入。实际上，在京都、大阪经常碰上那种古怪的人。基于危险时应该以命相抵的觉悟，晚上也不能入睡。回东京后仍旧投宿帝国饭店，也曾了解过客人，毕竟没出什么事情，觉得非常高兴。（《令人担忧的刺客袭击》，《朝日新闻》1954 年 11 月 12 日）

三　新中国代表团广结善缘

1. 中日红十字会互动

新中国成立后，为处理日本侵华战争投降后遗留在中国大陆人员的善后事宜，中国政府与日本的机构接触与交往最多的当数日本赤十字社。

日本赤十字社始于由佐野常民（1822—1902）在1877年创立的博爱社，1887年改称日本赤十字社，并于同年加入国际红十字协会。现代日本赤十字社是根据1952年制定的《日本红十字法》设立并开展活动的特殊法人团体。日本赤十字社和皇室有密切关系，既体现皇族的慈善精神，也显示其社会权威性。例如，日本赤十字社名誉总裁大都由皇后担任，名誉副总裁也常是皇族成员，社长一职一般为贵族后裔。赤十字社在全国各都道府县设有支部，支部长多由当地最高行政官员兼任，具有"半官方"的性质。日本赤十字社的基本精神是人道、公平、中立、独立、奉献、纯洁、世界性等，主要职责与国际红十字会相同，即在地震、台风等灾害以及人为事故或战争中履行紧急人道救护任务。

日本在华医务人员回国

相比之下，中国红十字总会成立晚于日本，于1912年得到红十字国际委员会正式承认。1950年，新中国政府改组原中国红十字会机构，改称"中国红十字总会"并成立了新的理事会，确定中国红十字总会为"中央人民政府领导下的人民卫生救护团体"。改组后的中国红十字总会首任会长李德全，于1950年10月率团出席了国际红十字协会第21届理事会，并在1952年6月举行的第18届国际红十字大会上，争取中国红十字总会成为中国唯一合法代表和国际红十字组织正式成员，开始积极参与国际红十字协会及红十字与红新月会协会各种重要活动，努力开展多方面的友好合作。

中日两国红十字会机构之间的密切交集，缘于日本战败后仍有不少日本侨民和战争罪犯遗留在中国大陆，亟待回国或遣返。日本赤十字社在第二次世界大战后最早展开的大型国际性事业，便是援助大批海外日本人、朝鲜人回国。据日本政府估计，截至1950年4月，尚有6万多日本人滞留在中国东北地区。这些人的留守家属在国内急不可耐，情绪空前躁动。为此，日本赤十字社在当年（1950年）6月第58次全体会议上通过了促进未归国者回国的决议，要求驻日联合国军总部、红十字会国际委员会和国际红十字红新月会联盟给予支持。据当时社长回忆："最初，苏联出席的（国际会议）是蒙特卡罗会议（1950年），可当时的交涉并不顺利。另外，有机会和中国的李德全女士一起吃饭，也提出过请求协助回国的问题，回答则非常好。让我感动的一点是，尽管有过长时间的战争，两国之间也有过恶言恶语，但中国红十字总会都善意地表示理解与帮助。"（岛津忠承1984年2月接受采访时谈话，《踏上新历程》，日本赤十字社2003年版，第107页）

李德全在会议结束回国后，立即组织人力全面调查、统计在华日本人的情况。1952年年底，中国方面广播说，遣送在华日本人的准备工作大体就绪，并于1953年年初邀请日本赤十字社、日中友好协会、日本和平联络会三团体联合来中国商谈日本人回国事宜。两国代表经过长时间协商，最终于3月5日达成了关于协助在华日本人回国问题的协议。自1953年3月中旬开始，日本先后派出兴安丸、高砂丸、白山丸、白龙丸四艘轮船，从日本的舞鹤港出发，首次从中国接回4937名日本人。到1953年10月，有7批共26125人回到了日本。1953年11月12日，中国红十字总会给日本三团体发去电报："日本侨民集体回国至此结束。今后若有个别日本侨民希望回国时，中国红十字总会愿意继续提供帮助。"就是在这样的背景下，日本三团体加快了自1953年3月开始的争取邀请中国红十字总会代表团访问日本的活动。经过一年半多的努力，到1954年8月26日，当拟议的邀请终于有了明显进展以后，中国红十字总会再次发电报告知日本三团体："有已经被赦免的417名原日本军人，以已恢复的一般日本侨民身份申请回日本。另有个别申请回国的日本人若干名。"

对中国红十字总会代表团的访日邀请是由日本三团体共同发出的，邀请的主因在于感谢中国对日本侨民回国的协助，其属于红十字会的职责范围，自然也由日本赤十字社领衔负责接待。为此，日本赤十字社临时组成了以副会长葛西嘉资为委员长、外事部部长工藤忠夫为副委员长的"欢迎中国红十字总会访日代表团事务局"，其中有委员25人。事务局经过多次协商并更改日期、地点与人员等，具体策划、安排了中国代表团整个访问行程及其应急预案，将接待日程细化到按分钟计算，充分体现了"认真到刻板"的"日本式态度"。

所谓"好事多磨"，中国红十字总会代表团受邀实现访日在拖延了一年有余之后，当李德全一行于1954年10月底终于踏上日本国土时，日本朝野有一种喜出望外的欣慰。而且日本赤十字社借感谢中国协助日侨回国的善意之机，进而与中方就再接再厉推动仍滞留中国的个别日本人回国一事达成了共识。特别是获得了中国红十字总会代表团带来的日本战犯名簿和死亡战犯名簿，更是日方始料未及甚至没敢指望的。这些收获使日本赤十字社在全国民众中赢得了"功夫不负有心人"的评价。

李德全和岛津忠承

在中国代表团抵达东京的第二天，当李德全等人在岛津忠承陪同下前往日本赤十字社时，除了对前一天受到日方的盛大欢迎表示由衷感谢之意，代表团还向日方会长、副会长分别赠送了中国著名画家齐白石的《南天》与《水仙》两幅画作，以及中国毛笔和砚台等礼物，更大的"礼包"就是《日本侵华战争罪犯名册》和《日本侵华战争罪犯死亡者名册》。这两册铅印本名簿排列了中国在押的日本战犯1068人（其中1人重名）和40名死亡战犯的姓名、原籍、住所、部队番号。为了将这两份名册尽快交付新闻单位传达给战犯的留守家属，日本赤十字社8名和厚生省未归国者调查部10名工作人员，封闭在办公室里一刻不停地用誊写蜡纸印刷出来，从第二天上午10时开始直到下午4时45分，新闻单位一直在公布两本名册的内容，广播和报纸分别将两本名册的事传遍了整个日本。

10月31日，李德全等人由日中友好协会和日本和平联络会负责人陪同回住处共进午餐后，在下午1时左右出席由访问过新中国的日本人士举办的欢迎仪式，有日本议员、妇女代表、文化界和民间人士共150多人迎接李德全和中国代表团。在几位日本代表分别致欢迎词后，向中国代表团赠送了日本制造的显微镜、望远镜各10个以及一些药品等。然后，代表团一行回到日本赤十字社，参加1时半在会馆礼堂举行的日本留守家属大会。在大会期间，战犯名单还在陆续公布，可以看到家属们禁不住喜极而泣的样子。当李德全抱起61岁的原"满洲国"总务厅长官武部六藏的6岁外孙女河村春子时，全场响起了热烈掌声。下午3时半，代表团参加了日本三团体在该会馆主办的茶话会。5时过后回到住处，接着出席了日本赤十字社主办的欢迎晚宴，双方像一家人似的兴奋交谈。（《日本赤十字社史稿》第6卷，日本赤十字社1972年版，第307页）

后来，日本赤十字社社会部长高木武三郎撰文补述过与此有关的详情：

◆ 获赠的礼物

访日第二天，一行人访问日本赤十字社，赠送了1068名《日本侵华战争罪犯名册》和40名《日本侵华战争罪犯死亡者名册》，并会谈确认如下意见：

一、在华日本人仍约有8000名。其中现在不希望回国的女约4700名，男约1000名，现在希望回国的约在2000名以内。

二、中国人和日本人在中国生育的孩子长到16岁，可以根据本人意愿选择国籍，也可以根据意愿回到日本。

三、应该大力鼓励在华日本人与留守家属通信。

四、对生死不明的日本人，如有个别要求了解安全状况的，日本赤十字社将尽力调查清楚。

双方宣布争取今年内或明年春天实现大部分战犯和2000名一般日侨回国，同情留守家属的迫切愿望，并强调了更加努力促使日本回国的宗旨。

◆ 赠送的礼物

至于赠送对方的物品，有从全国征集的礼物1万件，经海关核算价值不下于500万日元。从儿童绘画、人偶等纯真之物到图书、电影等文化产品。还有各地特产、相当于贸易样品的自行车、缝纫机以及机械等。这些物品已经集装到将于11月16日出发的"兴安丸"号轮船，送往中国。礼品确实众多，而真正会令人高兴的是："日本友好的基础扎根于日本国民。"

  日本国民衷心欢迎的场面真正感动了李德全一行。有欢迎会主办人说:"今天在这里迎接访日代表团,怎么看都不像对待外国人。恐怕你们也不会觉得日本人是外国人。彼此怀有这样的亲近感,再变得疏远是没有道理的。"确实应该按这样的气氛走下去。与那些看得见的百万礼品相比,恐怕这种无形的礼品是他们最希望也最满意的。(高木武三郎:《李德全女士一行访日的幕后话》,《工人灾害补偿保险》1955年第1期)

2. 日本民众反应强烈

  李德全率领中国红十字总会代表团初次东渡,等于给当时日本社会送去了新中国的"第一形象"。这一"形象"使曾捷足先登到过中国大陆的少数日本人倍感亲切,也普遍激发了一般日本民众对中国新面貌的好奇和关注。当时日本各界人士对李德全及其代表团热情似火,无论是左翼人士还是政治意识淡漠的平民概莫能外,多年后回忆起来仍然生动鲜活,如在眼前。

  2015年中国春节刚过,武汉市一位民间人士通过《长江日报》,披露了自己收藏的日本民众之前赠给中国人的祝愿旌旗。这些旗帜共有107面之多,旗上大都以毛笔书写"反对重新武装"、"坚决反对战争"、"誓死和平友好"等日文标语。旌旗上还有赠送者的签名,其中有五面旗上写着"赠李德全女士"、"欢迎李德全女士"和"赠李德全先生来日纪念"等字样。书写时间在1954—1955年。

上编　李德全在日本外交首"秀"

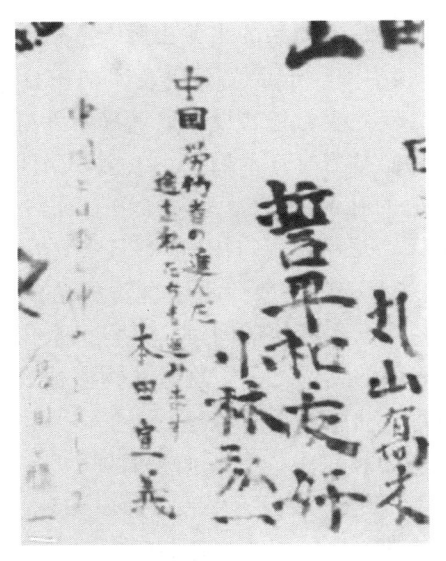

中国人收藏的日本旌旗

为了搞清这些日本物品的来龙去脉,《长江日报》记者采访了1954年率领中国红十字总会代表团初访日本的李德全女士后人罗悠真。罗先生对记者说,以前确听外祖母李德全提起过旌旗的事。它们是当时日本妇女、工会等团体向中国红十字总会代表团赠送的礼品之一,因为旌旗上有"兵库县尼崎市五长洲小学校"、"尼崎市塚口中学"、日本"全国土建劳动组合总连合"、"东京土建一般劳动组合"等落款,可以推断是当年中国代表团在日本各地访问时,日本民众在召开众多欢迎集会时送给代表团的礼物之一。这些礼物多种多样,除旌旗外还有影片、书籍、油画之类。

在这次发现的旌旗中,有一面是日本"全国印刷出版产业劳动组合总联合会"赠给"北京人民印刷工场劳动者诸君"的,落款日期为1955年4月20日,上面有近200个签名。2015年8月7日,居住在日本千叶县船桥市南本町102岁的杉浦正男先生接受了《长江日报》记者的采访。他说,1954年10月底中国红十字总会会长李德全访问日本时,自己曾是陪同参观者之一。"我们特别希望李德全能作为使者促成中日建交实现,所以对她的到来非常重视。原计划他们还要去北海道,我去打前站,负责安排接待工作。没想到因故临时改变了访问计划,中国代表团提前回国了,没能去成。"那面旌旗则是后来他自己所在团体向中华全国总工会赠送的祈愿品。

在当时日本,对李德全等来访最为激动与热情、数量最集中和庞大的,要数刚刚摆脱非法地下状态的日本共产党员及其外围群众。日本战败后,获得合法地位的日本共产党在全国的政治影响空前扩大，曾在国会选举中赢得不少席位。可到1950年6月25日朝鲜战争爆发后，美国占领军把日本共产党视为"第五纵队"，勒令禁止日本共产党中央的政治活动，剥夺日共领导人的公职，甚至搞"防范式逮捕"。1951年10月后，日本共产党内坚持武装斗争的路线占了上风，占领军当局更在1952年制定了所谓的《破坏活动防治法》以对付日本共产党，最终导致日本共产党失去所有国会席位。如此艰难和冷酷的政治处境，使当时的日本共产党及其群众基础将新的中国政府视为"兄弟党"政权，他们情不自禁地把美好想象与政治期望映射在来自新中国的任何人身上。当李德全率领中国红十字总会代表访日终于成行时，他们如逢知己的兴奋心情和欢迎热情可想而知。正如有人在二十多年后回忆的那样——

日比谷欢迎大会

日本难忘李德全

　　记得李德全作为中国红十字总会领导，在1954年11月首次代表人民中国战后访问日本时，他们一行住在如今已是老旧建筑的东京车站八重州出口旁的国际观光饭店，把守饭店出入口和沿途都有共产党的警卫队。当时，衰弱至极的日本共产党尽力动员了数千名党员，在代表团一行通过的所有道路上，每隔几十米安排一名警卫人员。因刚刚摆脱地下状态而营养不良却目光炯炯的共产党积极分子彻夜警备。我虽然没有被编入警卫队，但也是去观光饭店前欢迎的群众之一。说不出的喜悦与沸腾的热情在胸中涌动。聚集的几千名群众不只是左翼，也有看热闹的人。只要看到风度翩翩、刚过中年的李德全女士优雅走路的身影便会狂热鼓掌，看起来就像看少女歌舞的"粉丝"们。而有些不一样的是，当时仿佛有某种历史意识将人们联结到了一起。那是由战争、战败、饥饿、占领（对于个别人而言则是艰苦的斗争经验）构成的复合压力，因遇上新中国而得到释放，也是想突破封闭的政治空间的迸发力被挤压的瞬间心态。这种越过由占领体制、朝鲜战争、冷战等构成的围墙，最初与对面巨大存在的视觉接触，构成了与借助文字阅读完全不同的反应力量。这显然就像理解第一次世界大战最前线的俄军和德军士兵之间的联欢差不太多。（武藤一羊：《斗转星移》，《思想科学》1978年第12期）

　　因此，回顾当时日本共产党机关报《赤旗报》对李德全访日的报道与评论，会发现它与其他报刊的姿态有所区别或差异。与一般日本媒体相比，《赤旗报》对李德全和新中国更难以掩饰强烈的政治热情。

1954年8月5日，《赤旗报》以《初迎中国人民代表》为题，报道了邀请李德全访日一事有所进展的消息。文中尽管提醒此事能否成功，尚有待于"政府在印度支那停战后国际形势中的变化以及国民各阶层逐渐高涨的恢复日中邦交运动"等条件，但又不遗余力地呼吁，为实现李德全会长一行访日，要推动"全民性欢迎运动"。所谓"全民性欢迎运动"的提法，源自前一天由邀请中国红十字总会运动协议会在日本众议院第二会馆召开的第七次恳谈会，其与日本共产党大造李德全访日声势的指导思想不谋而合。前一天的恳谈会曾达成如下共识：

一、同意由日本赤十字社主办欢迎大会，并在宣传、动员及其他所有方面全面协助日本赤十字社。

二、在各团体机关报掀起欢迎运动，由协议会发行宣传小册子。

三、各团体分支、分会发起撰写欢迎决议或感谢文章的运动。

四、推动儿童绘画、作文的交换活动，让儿童也了解感谢和欢迎的意义。

五、日中友好协会、中国归还者电影人集团与电影公司合作，制作纪录影片并赠送给中国代表团。

日本共产党《赤旗报》对以上决议身体力行，不仅密切

跟踪报道了有关李德全访日的各类消息，而且在 1954 年 9 月 10 日和 11 月 1 日分别发表了《当迎接中国红十字总会代表之际》和《欢迎以李德全为首的中国红十字总会代表》等长篇社论，文中论述李德全来访意义之详尽，在当时日本报刊中独一无二。另外，他们欢迎李德全等的形式也不拘一格，如曾请著名画家赤松俊子（1912—2000）向中国红十字总会代表团赠送绘画，并在 1954 年 11 月 2 日的《赤旗报》上刊登致李德全的信。赤松将中国红十字总会代表团访日的意义，比作"架起和平之桥，如同在天空辉映的彩虹一样"。她以与李德全同为妇女的自豪心情写道："作为日本共产党中央的礼物，我能献上绘画感到无上光荣。我真心诚意地创作，虽然画作很不成熟，也请收下我的一片心意。"正是以此为契机，赤松女士与同为画家的丈夫丸木位里（1901—1995），后来和中国美术界的交流越来越密切，并于 1959 年在中国出版了夫妻二人的画册。

　　李德全等在访日期间的温和、慈爱形象，还反映在毫无顾忌地同日本宗教人士亲切接触并参观寺庙等行为上。这首先意在感谢日本佛教界为送还在日本死难的中国烈士遗骨尽心奔走、尽力兑现的善意与辛苦，同时展示了中国共产党政权宗教政策的大度和宽容。特别由于日本佛教本来就源自中国，此后两国佛教界的交往也极为频繁。最令人始料未及且耐人寻味的是，当时日本媒体对李德全的介绍和评论，无不提及她年轻时曾是虔诚基督教徒的经历，引发了日本基督教界对中国基督教历史与现状的兴趣，相关的报道与介绍的文字日渐多起来。在李德全尚未访日的 1954 年 10 月 23 日，日本报纸《基督教新闻》便报道，鉴于李德全曾是虔诚的基督教徒，日本基督教团和平委员会的浅野顺一、井上良雄等人准备与其见面并恳谈。这一计划后来虽未落实，但在中国红十字总会代表团回国后，该报仍译载了在中国生活的美国基督教长老会女传教士在英国媒体上讲述中国基督教、天主教徒的信仰与生活的文章。据文中介绍，虽然新中国政府在基督教界逮捕过外国间谍，但中国一般基督教徒的信仰与生活是受到尊重的。"星期日早晨，在人们出门做礼拜时，由各自治团体集体组织进行。如人们穿着旧裤子，在天津或济南地区始终有清洗旧校舍或社会设施的服务活动。平常教会的聚会，多是老人、孩子和主妇。教徒在复活节和圣诞节都会尽量去教堂集会。"（佩吉·埃尔登雷奇：《中共的礼拜日》，日本《基督教新闻》1954年11月20日）此后，日本基督教人士更加关注中国基督教的生存与发展状况。

3. 接触日本官方与皇室

在李德全访日前的1954年10月12日，苏联领导人赫鲁晓夫（1894—1971）初访中国，中苏两国政府发表了《关于对日本关系联合宣言》。宣言指出："中华人民共和国政府和苏联政府对日关系的政策，是根据不同社会制度的国家可以和平共处的原则。并且相信，这是符合各国人民的切身利益的。它们主张同日本按照互利的条件发展广泛的贸易关系，并同日本建立密切的文化联系。同时，两国政府表示愿意采取步骤，使它们自己同日本的关系正常化。"中苏两国的这种姿态，透露出第二次世界大战后社会主义阵营与西方世界有了从势不两立开始尝试相互接触的趋势。

早在得知李德全访日有可能实现的 8 月 31 日，日本前外相、时任留守家属团体全国协议会会长有田八郎（1884—1965）先生就向日本外务省提交申请书，要求外务省"大臣、次官或局长等干部借李德全来访之机会见李德全"；要求"外务省亚洲局二课课长小川、厚生省复员局未回国调查部部长吉田在出席联合国战俘特别委员会后访问德国、意大利，调查战俘回国情况，并形成推进回国行动的方案"。然而，碍于美国以及《日台条约》的约束，当时的日本吉田茂内阁还不情愿贸然与新中国政府打交道。虽然承认日本侨民顺利回国以及对待日本战犯的人道主义精神都体现了新中国政府对日本的宽宏大量，理应善意回应，可日本政府仍持欲迎还拒的扭捏态度。吉田茂安排在李德全东渡期间出访美国，便给人以刻意回避的印象。但另外，日本政府又不甘心完全失掉借中国红十字总会代表团访日之机与新中国方面沟通的机会。在李德全抵达东京当日，日本外相冈崎胜男在回答记者提问时曾说："政府与李女士尚无关系。虽然对方同日本政府并非伙伴，但如通过日本赤十字社要求会见，也可以考虑见面。不过这是与他国之间的微妙问题。政府不承认中共的想法没有改变，还不能像中共所说的在东京进行贸易谈判直至与日本恢复外交关系，但以渔船、回国问题为首的贸易事项可以另外考虑。"(《冈崎外相会见记者说：也可与李氏见面》，《每日新闻》1954 年 10 月 30 日)

上编　李德全在日本外交首"秀"

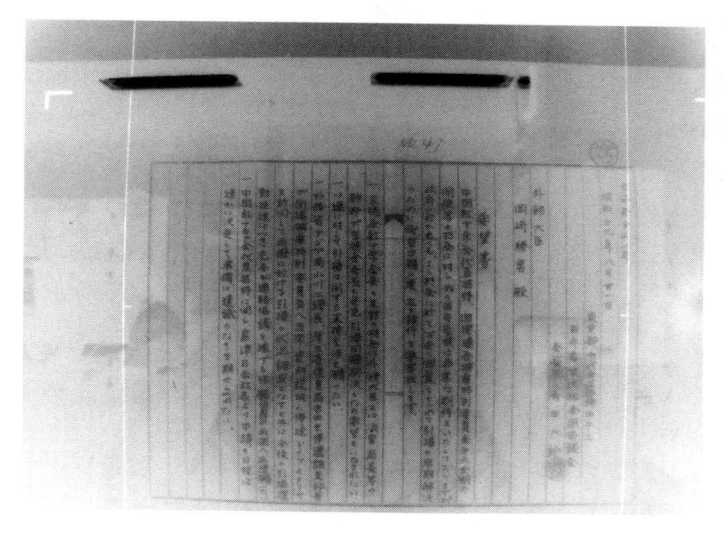

外务省档案 5

1954年11月10日上午，李德全等人结束关西行程飞回东京后，由日本赤十字社安排，在该会与日本政府负责卫生和社会保障事业的厚生省大臣草叶隆圆（1895—1966）见面。草叶在会见时表示："日中两国应该多相往来，希望中国方面也和日本政府多打些交道，不要把我们抛在一边。"后来，他还对记者说："我已经表示了感谢并拜托了请求帮忙的各种事情。李女士非常诚恳地答应了要求。基于如此感觉，我对其回国将获得良好结局抱有很大的期待。"（《李德全女士今早回京会见厚生大臣》，《朝日新闻》1954年11月10日）紧接着，中国代表团参加了由日本众议院议长堤康次郎（1889—1964）举办的招待宴会，并在宴会上与日本参议院议长河井弥八（1877—1960）以及国务大臣安藤正纯

（1876—1955）见面。据说，宴会上的座位安排似乎煞费苦心，用主人的话说真是"深思熟虑"。比如，主人堤康次郎与中国客人并不同桌，彼此隔了相当距离。他又担心客人误会，便用"希望大家谅解"的话套近乎，意在摆出姿态给外界看，同时还向李德全等人说了"心里话"。会见中，安藤正纯的话也很耐人寻味，他说："今天政府的人来得不多，我虽不是代表政府来的，但也是国务大臣，我觉得只有日中两国之间的友好关系，才能保证亚洲的和平。"（吴学文、王俊彦：《廖承志与日本》，中共党史出版社2007年版，第171页）

至于日本外务省负责中国事务一级官员与中国代表团接触时忌讳则少得多。自日本赤十字社等三团体提出邀请以李德全为首的中国红十字总会代表团访日要求之日起，外务省亚洲局中国课一直负责向内阁报告并协调各方面的意见，及时向日本赤十字社回馈内阁的决定。即使各政党、团体准备在中国红十字总会代表团来访时会见李德全等人，也必须事先请示中国课获得批准。因此，中国课堪称李德全首访日本全过程的督导、控制机构。而中国课能够胜任这一角色，主要是因为时任课长小川平四郎（1916—1997）是难得的"中国通"。小川毕业于北京辅仁大学，有在中国长期留学、生活的经历，后来中日两国邦交正常化后曾任日本首位驻华大使。在中国红十字总会代表团初访日本时，他与李德全、廖承志等人的接触，要比日本头面人物少了日本传统礼仪与客套，交谈比较开诚布公。当时，他代表外务省向媒体展示的，是日本官方对中国既愿意接近又保有距离的"微妙姿态"。他曾当面质疑，中国代表团与日本赤十字社谈判日侨回国事宜时，为何要求日中友好协会和日本和平委员会两团体同时参与，这似乎与国际惯例不合。中国方面体谅日本政府的用意，避免正面回答而委婉应对，表示日侨回国事进行顺利进展很快，以后两国交往的方式可再具体协商。中国红十字总会代表团访问日本属于民间邀请，但李德全等人与日本官方人士的初次交往和结识，则有标示中日政府间官方接触"破冰"的意味，顺应了日本各界对日中外交关系正常化的期待。中国政府沿着"以民促官"的对日外交路线，迈开了中日邦交正常化进程的第一步。

李德全会见日本厚生相

在李德全访日期间，正值日本政坛多个政党纷纷分裂与重组的时期，多位日本政治家希望与中国代表团接触，以求增加自身的政治砝码，甚至准备有机会成为执政党时与中国发展友好外交关系。实际上，有些政治家在新中国成立后已应邀访问过中国，与中国各方面有了人脉，这次不少人算是老友重逢。如当时日本改进党头面人物松村谦三（1883—1971）和三木武夫（1907—1988）便很有代表性。此时，改进党已经酝酿与退出自由党的鸠山一郎（1883—1959）合作，成立新的日本民主党。松村先生的政治见解开放，与中国的关系日后益渐密切。而当时分裂为左、右两派的日本社会党，都基于反对日美安全保障体制、主张"非武装中立"并长期推动中日友好运动的立场，受到新中国政府一视同仁的对待。两派社会党及其主要群众基础日本工会总评议会领导，都在李德全访日期间主动会见了中国红十字总会代表团。

李德全访日期间接触日本上层社会的另一个热门话题，是会见日本皇室成员三笠宫崇仁亲王（1915—　）和高松宫妃（1911—2004）。三笠宫是昭和天皇最小的四弟，在日本侵华战争期间，他是皇室内反战思想的代表性人物。1943年，三笠宫到中国战场考察过自内蒙古至宜昌的广大地区，亲身了解与感受过侵华战争的残酷和灾难性后果。1944年1月5日，他对中国派遣军总司令部的干部发表过一次讲话，后来被称作《作为日本人对中国事变的内心反省》。他在讲话中列举了日本自甲午战争以后侵犯中国的事实，揭露了日本军人的残暴行为，说日本对中国"无所不取，掠夺殆尽"，中国人怎么会不反抗？他还特别指出，中国共产党的军队"男女关系极为严肃，强奸等于绝无仅有；对民众的军纪也特别严明，绝非日本军队所能企及"。他还说过："在我看来，这样的日本军队，是无法与中共对阵的。"为此，三笠宫和同样具有反战观念的二哥秩父宫雍仁亲王（1902—1953）、三哥高松宫宣仁亲王（1905—1987）一同与昭和天皇争执过，希望能够避免或推迟战争。日本战败后，高松宫夫妇和三笠宫夫妇共同担任日本赤十字社名誉副总裁，热心推动侨民和战俘回国等慈善事业。他们向日本政府提出会见来访的李德全及中国红十字总会代表团本属顺理成章，却曾遭到拒绝。最终经过折中，三笠宫被允许和弟妹高松宫妃于11月3日以在光轮阁茶叙的形式，同参加过日本赤十字社举行的盛大赠送礼品仪式的中国红十字总会代表团进行会面。在此次会面与交谈中，三笠宫和高松宫妃向李德全诚恳表达了对日本军队侵华行径的悔恨与歉意，希望能为促进日中两国友好多多尽力。鉴于皇室在日本社会的特殊传统地位，皇室成员会见李德全显示了其外交礼遇之高，被视为对新中国政府正面、积极姿态的象征。

前排自左至右：三笠宫、李德全、高松宫妃、王效贤

四 李德全访日后续效应

1. 继续个别回国

1954年11月3日，中国红十字总会访日代表团和日本赤十字社、日本中国友好协会、日本和平联络会等三团体代表，在东京日本赤十字社进行了关于在华日侨回国及其他诸事的会谈，最终签署了《关于商谈日侨回国等问题的备忘录》，其要点如下：

第一，在日本侨民大批回国结束后，中国政府将继续调查在华日侨的情况。目前中国尚约有8000名日侨，对愿意回国的日侨，中国方面必将帮助他们回国。另有中国已向日本送交名单的战争罪犯若干名，待中国政府查清他们可以释放与因罪服刑情况后，再同日本商谈其回国事宜。

第二，中日双方鼓励目前在华日侨和战争罪犯与在日家属通信联络。如彼此通信地址不清，中日双方将为他们查明并尽力提供通信协助。

第三，关于蒙古、朝鲜、越南等国日侨回国问题，如这些国家委托中国，中国红十字总会愿意协助他们经由中国回到日本。

第四，在日华侨希望回到中国的，中日双方允诺将予以合作、协助，促成他们早日实现回国的愿望。

第五，中日双方承诺对两国家属寻找、确认、运送在对方土地上死难者的遗骨给予协助、提供方便。

由中日两国红十字会牵头的以上会谈结果，实际意味着日侨和华侨各自回国的事项仍将继续，而且将更加具体与精准地落实。后来，个别日本人或中国人回国的事例在两国乃至世界上引发的关注，比此前大批日侨回国毫不逊色，有的甚至相当轰动。

例如，在中国红十字总会代表团初访日本时参加东京目白区椿山庄欢迎李德全的聚会上，一位名叫中岛幼八的在华日本遗孤的母亲，曾把一张纸条交给代表团成员之一倪斐君，上面写着："在中国松江省宁安县沙兰镇有我的儿子，抱给陈家，请给予调查。"倪女士当即答应了中岛幼八生母的要求，并给了她一张名片以备联络。一年后，中岛幼八生母收到了中国红十字总会回信，说已为她找到了年已14岁的儿子，但目前他还不想回日本，希望她直接写信给儿子及其养父母。如果她的儿子愿意回国，中国红十字总会可予以必要协助。中岛幼八直至晚年，仍对中国红十字总会如此认真的工作态度刻骨铭心。他曾说："这一点琐事在国与国的关系上，简直是大海里一滴水，却郑重其事地予以解决，我的感激之情难以言表。"（中岛幼八：《何有此生》，生活·读书·新知三联书店2015年版，第187页）他的生母后来得以同儿子及其中国养父母取得了联系，并多次通信和寄物，使中岛幼八对生母和祖国日本的印象逐渐好转。四年之后，在中学读书的中岛幼八在亦师亦友亦亲的老师梁志杰的启示下，接受了老师对他"为中日友好做贡献"的衷心期待，做了一生的最大抉择，走上了回国之路。中岛幼八决定回日本后，中国与日本朋友热心提供了各种帮助，中国各级政府机关热情促成他办理归国的所有手续。他生活的黑龙江省宁安县公安局还委派一名民警送他到哈尔滨。最终，他登上了一岁时随父母来中国的同一艘船——"白山丸"号回到了日本。中岛幼八回国后，长期从事日中民间友好交流工作，担任过邓颖超、廖承志、唐家璇等中国领导人访日期间的翻译工作。

中岛幼八《何有此生》

与新中国政府诚挚并成功协助日侨回国对应的，是在日华侨回国也一时成为潮流。新中国成立后欣欣向荣的景象以及在国际舞台上影响壮大的现实，逐渐使当时4万多名在日华侨对祖国的关注目光和依赖情感，从台湾国民党政权转向了新中国政府。当他们听说中国红十字总会代表团访日的消息，特别是能够亲眼见到李德全等人的身影，华侨们兴奋与激动的心境溢于言表。如当时日本华侨领袖甘文芳（1901—1986）在东京华侨欢迎中国代表团大会上所说："今天的大会是出自全体爱国华侨的热诚。今天的祖国就是我们多年来所希望的祖国，我们大家要和强大的祖国团结在一起，我们的前途是光明的。"当李德全等人到华侨比较集中的关西地区访问时，当地华侨更是奔走相告，如见亲人一般，充分反映了他们对新中国的热烈向往。此后不久，在日华侨掀起了空前的回国热潮。

新中国成立伊始，百废待兴，亟须收揽各种人才。当时，有关部门曾致信中国留日同学总会等日本爱国侨团，呼吁"已结束专业学习的同学尽早回国参加建设"，还介绍了办理留学生回国手续的途径。从1950年6月起，一些华侨青年如后来在大陆活跃的林丽韫（1933—　）等开始以探亲、旅游等名义，个别暗自经香港等渠道回到大陆。特别是自1953年开始实施第一个五年计划，当时日本经济不景气，有很多中国留学生面临毕业的压力，正考虑"出路"问题，新中国成为他们施展才华的大好机遇。其中，有很多来自台湾的留学生因不满国民党政权在台湾的统治，也希望到大陆工作。东京华侨总会依据这些情况，向日本外务省及三团体申请借日本船只去中国接运日侨回国之机，允许在日华侨和留学生乘船回到中国。新中国政府得知此事后，正式向日方提出要求，获得日本外务省明确同意。尽管其后日本政府向联合国军和韩国要求对这些船只予以"安全保障"时被增加了附带条件，而且国民党当局极力反对此事，但日本当局仍大体履行了对新中国的相关承诺。1953年7月，首批551名旅日华侨搭乘接送日侨的兴安丸号轮船从日本抵达塘沽新港。当年有3批共2650名在日华侨和留日学生回到了新中国。20世纪50年代末，共4000多名在日中国人回国参加建设，占当时旅居日本中国人数的百分之一。这些人回国后被分配到北京、天津、上海、浙江、河南等地，留学生则多数在专业对口的科研和院校等单位工作，为祖国建设和中日友好事业默默奉献，有人还做出了骄人的业绩。

李德全访问日本后，还发生过一个轰动中日两国乃至世界的中国人归国事件，那就是在战争期间被日本军队掳掠到日本北海道的煤矿做苦力，后逃至深山躲避了13年的中国被掳劳工刘连仁（1913—2000）。刘连仁是1944年夏天在故乡山东省高密县被绑架、押送到日本的。因为难以忍受非人道的苦役，他在日本战败前夕同4名伙伴逃出矿山。后来伙伴们先后被捉走，仅剩他一人独自过了13年"野人"般的生活，直至1958年2月被人发现。

这一消息迅速传遍了中日两国。北海道华侨总会很快介入此事，中国华侨总会、日中友好协会等团体和许多日本友人，合作将刘连仁保护起来，帮助解决他的衣食住行和治病养伤等，并协助他证实了身份。这些友好团体和人士进而与日本当局交涉，促使此事进入了外交程序。中国红十字总会曾发电报给日本赤十字社、日中友好协会等团体表示感谢，又给刘连仁送去慰问信和慰问金。在友好团体和人士的推动下，日本政府不久便改变了暧昧、冷淡的态度。1958年4月，时任日本内阁官房长官向刘连仁发出慰问信，对他的不幸遭遇表示同情，并告知了日本政府将促成其回国的安排。信中说："因为知道你的家属亟待你尽快回国，近日安排了你乘坐白山丸返回中国。希望你回国后好好疗养并能健康长寿地生活。"在1958年4月10日刘连仁从东京回国前，日本官员曾给刘连仁"一封信和钱"，但刘连仁收下信却拒绝要钱。他声明："我保留对日本政府的一切诉讼权利，包括赔偿。"1958年4月15日，刘连仁乘坐"白山丸"号这艘接送过中日两国众多侨民返回祖国的轮船，回到了日思夜想、离别14年的祖国。在天津塘沽码头，刘连仁受到了中国政府与民众的热烈欢迎。其中有中国红十字总会、天津市政府负责人和数以千计的各界群众代表，更有他日思夜想的妻子、弟弟以及尚未谋面的孩子。刘连仁哭着被掳到日本，笑着回到了祖国。他回到山东省高密县老家后，身体恢复较好，晚年还能参加农业生产，并在当地担任过村、镇两级干部。

刘连仁罕见的苦难经历在中日两国及世界爱好和平的人们当中引起了极大反响。逝世前，他在各地做过回忆个人经历与批判日本侵华罪行的报告达1800余场次，使数十万听讲和了解他苦难经历的人深受感动。后来，他接受日本对华友好团体与个人的邀请，先后六次回访了日本，并为自己和广大被掳掠的中国劳工讨回公道。刘连仁在中日双方友人的帮助与支持下，于1996年3月向仍不认罪、不赔偿的日本政府提起诉讼，并三次到日本法庭陈述诉讼理由。经过长期与多方努力，2001年7月13日，日本法庭宣判刘连仁全面胜诉，裁定被告日本政府赔偿原告刘连仁2000万日元，成为遭受日本侵略战争之苦的中国人对日本索赔成功第一例，极大地鼓舞了中国人向日本政府或企业追索战争赔偿的自觉意识和坚韧精神。

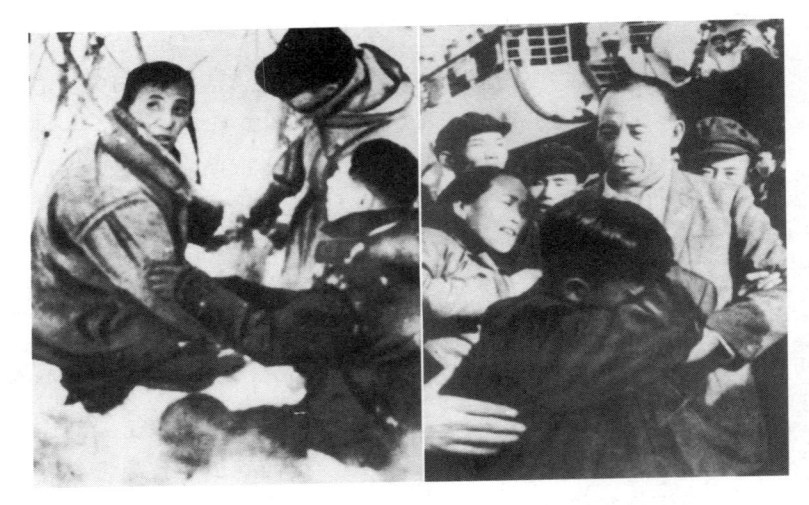

刘连仁被发现　　　　　　刘连仁回到中国

"刘连仁事件"还大大推动了日本朝野妥善解决侵华战争遗留问题的步伐。1960年5月6日，自民党众议员平野三郎（1912—1994）在众议院向本党时任内阁首相岸信介（1896—1987）提出《关于被掠中国人殉难问题》的质询意见，要求政府回答积极认真处理中国死难劳工遗骨或骨灰的看法与办法。岸首相当时虽然对被掠劳工等同于俘虏一事不置可否，但还是答复说："政府对战争末期出现的这一问题表示遗憾。关于调查死亡者及其遗骨和已发现遗骨的祭奠、送还问题，打算基于纯粹的人道立场，真诚地处理。"此后，日本政府对解决类似战争善后问题提供了更多的方便。

2. 中日多方位交流

在中国红十字总会代表团首访日本前后，非常敏锐的日本媒体不再仅从人道或慈善的角度评价日中两国这一务实性的交往活动，而意识到其将对两国经济关系形成巨大的推动。李德全等人在访日期间，已觉察出日本经济所处的困境。朝鲜战争和印度支那问题和平解决后，日本从美国获得军事订货的所谓"特需"靠不住了，日本政府改为向美国要求经济援助的前景也不明朗。这些都激发了日本经济界转向与中国做买卖的热情，朝野无不盼望扩大向中国出口的规模，以解当时日本经济的"燃眉之急"。

据报道，在李德全赴日前的1954年10月12日，参加了中国国庆活动的日本各党派议员，曾同中国对外贸易部副部长雷任民（1909—2005）、中国国际贸易促进会秘书长冀朝鼎（1903—1963）等举行会谈。雷任民就扩大中日贸易提出了三点意见：一、修改年底将到期的中日贸易协定。二、如果日本方面接待中国贸易代表，中方也将积极回应。三、中国政府愿意委派常驻日本的贸易代表。实际上，前一天在促进日中贸易议员联盟常任理事会上，回国的议员已经与自由党议员团团长山口喜久一郎（1897—1981）接触，提出了当年两国互设贸易代表的要求，希望在临时国会通过一项超党派决议，争取第二年春天日中互派贸易代表。在李德全赴日后的欢迎会上，日本国会议员们更具体交谈过双方互派代表的具体办法。几乎同时，日本促进国际贸易协会也在1954年10月13日召开第一次常任委员会后，对媒体表明欢迎李德全的态度。在11月13

日第三次常任委员会上，促进日中贸易议员联盟又同各党派议员商谈决定修改中日贸易协定。15日，日本经济团体联合会同其他财界团体、议员和国际贸易促进会等进行了恳谈。另外，日本工会组织、中小企业团体等也同声响应，形成了全国性"邀请中国贸易代表"的呼声，酝酿掀起新一轮贸易促进运动，力争更加密切同中国的经济交流。（《拓展更宽广的道路》，《日本与中国》周报1954年11月21日）

在中国红十字总会代表团初访日本期间，除日侨归国、遣送战犯等人道问题的交涉，也有务实的经济谈判内容，其中之一是中日两国渔业的磋商与合作。1954年11月3日，曾滞留中国的30艘日本渔船及318名船员回到福冈，同期中国还向日本方面送还了大阪商船"报国丸号"遇难船员的骨灰。10日中国红十字总会代表团成员赵安博与日本渔业有关人员商谈。关于和中国的谈判，日本渔业界有不同的意见，有的主张这个问题应该只有渔业人员可以参加谈判，有的主张中日渔业交涉绝非纯粹经济合作问题，乃是两国广泛友好的一部分。12日由日本的七个渔业团体组成的"中日渔业协议会"成立，决定各个团体为谈判渔业合作问题各自派遣代表人员，共同商量与中方会商的内容，但"只有渔业人员可以参加"的想法仍然存在。为此，中日友好协会在11月15日声明，两国渔业谈判的尽早展开与成功，是日本广大国民的共同愿望，两国共同期待立足于切实的国民基础上的会谈能够获得良好成果。

1955年12月30日，曾于1952年6月同中国签订第一次中日贸易协议的日本国会议员帆足计等，动员诸多议员向日本国会众议院提交《关于缓和对共产圈国家输出限制的决议》。

第二天，由 24 名国会议员提交的《关于邀请中国通商使节团的决议》也获得通过。接下来，1955 年元旦刚过，日本国际贸易促进会会长村田省藏（1878—1957）便访问中国，亲自向中国国际贸易促进委员会发出合作邀请。

村田省藏是日本资深政治家，曾代表日本政府与中国台湾交涉，也在日本财界以企业家身份同台湾进行贸易往来。新中国成立后，他非常理性地看待中国中央政权的更迭，曾说："作为日本加深与 6 亿民众的友好，设法与广大的中国大陆接近是应该的。"这一姿态实际上得到时任首相吉田茂的默许，他向新中国方面转述过吉田茂对他的表白："你讲的中共贸易问题，政府是不好直接出面的，不过你要干的话，我个人可以尽力帮忙。"据说村田出面推动中日贸易，便是受吉田茂指使，旨在了解中国对日本的方针和意图，以便于在对美关系上与对方讨价还价，客观上也为吉田内阁的日中经济政策做了一些试探与铺垫，起过一定的正面作用。到村田担任国际贸易促进会领导职务后期，正逢日本内阁酝酿轮换。1954 年年底，接替吉田的鸠山一郎（1883—1959）组成新内阁后，对中国大陆的态度更加亲近，这也使村田访华显得胸有成竹。他不仅大胆要求与周恩来总理会面，而且坦率地表明了担心日本共产党搞暴动等疑问。当得到周恩来关于中国不向日本输出革命的承诺后，村田似乎消除了心存的余悸，推动中日贸易的决心更加坚定。

到这时，中日双方不约而同地对此前签订的两个中日贸易协议未能如愿落实表示不满，日本内阁的换届又为弥补此前中日贸易低迷的缺憾提供了新契机。1955 年 2 月，鸠山内阁终于破天荒地同意邀请中国贸易代表团首访日本。于 3 月 29 日到达日本的新中国第一个中国贸易代表团由38人组成,比近半年前李德全率领的代表团规模要大得多,对日本朝野的牵动也较前更为广泛。经过一个多月的谈判,5月4日双方终于签订了中日第三次贸易协定。这次谈判结果不像以前那样称"协议"而改称"协定",含有中日两国政府开始挂钩的意思。紧接着,1956年日本在中国上海和北京分别举办了日本商品博览会,中国人第一次看到第二次世界大战后日本工业产品的新面目、新规模。从此,中日两国间的沟通由最初的人员交换逐步拓展为人、物兼顾的双条渠道,路子越走越宽广。

自然,其间中日经济交流的发展并非一帆风顺。像第三次中日贸易协定完结后能够续订第四次协定,主要得益于李德全率团于1957年年底至1958年年初再次成功访日。日本三团体再次邀请李德全访日,除了旨在感谢中国政府在日侨回国和宽大处理战犯两事上的善意,主要目的是同中方共同妥善处理侵华战争期间被掠至日本的中国劳工牺牲者的遗骨。访问期间,李德全等人亲自到中国劳工殉难最多的秋田县大馆市花冈铜矿吊唁牺牲者,并同被免于起诉的日本战犯回国后成立的"中国归还者联络会"成员代表会面。几乎在同时,中国农业代表团也在日本访问。两个代表团的活动相互契合,都把活动重点放在广泛结识日本经济界人士方面。如他们会见了日本"钢铁天皇"稻山嘉宽(1903—)、制造业代表冈崎嘉平太(1897—1989)等经济领袖,实际为签订第四次中日贸易协定打下了良好的基础,也就1958年在长崎举办首次中国商品展览会交换了意见。关于李德全第二次访日对深化中日经济关系,甚至最终促成了1963年中日友好协会成立发挥的积极作用，有日本学者做过如下回顾与评价：

> （昭和）三十二年（1957）5月第三次协定完结以后，大宗贸易减少，同年6月至10月的对华出口比前一年减少达29.7%，进口减少3.5%。正是在这第四次协定交涉未开、日中贸易额显著减少的时期，李（德全）一行访问了日本。如果说欢迎的准备工作已在进行，那么政治上的对立状态则是决定性的，其中期待复兴彼此经济关系的群体如何演出日中友好的活剧，便掌握着再开经济协定谈判的钥匙。
>
> 尽管几乎没有接触与经济贸易有关的团体和视察地方企业，同日本中央的联络也比前次少，为此在第二次访日中明显少见如第一次访日时那种促进与中方的贸易的言论，但直到（1958年1月）26日回国前，终于实现了促进日中贸易联盟池田（正辅）和廖（承志）之间的会议，确认了应尽早缔结第四次贸易协定。进而在互派贸易代表处人数限制的问题上，中国方面表示"不能完全按照日方的意见"，但"双方可以信赖地交换"意见，并确认"互派人数并非无限制，实际上也不意味着先派遣少数人，以后再增加人数"。这已涉及（昭和）三十三年（1958）3月签订的第四次贸易协定的基础。
>
> 在日中两国政府各自坚持自身原则的基础上，地方上祭拜死难者作为当地日中战争后的首次活动，以人与人之间的民间交流打下了日中关系改善的根基。这些当然只是地方性活动，还看不到中央或日本政府的姿态。这也符合

日本后来处理红十字会推动侨民回国不久发生的刘连仁事件的态度，同日中之间在中国人被掠劳工问题上的隔阂长期延续是有关联的。（饭森明子：《中国红十字总会代表团再次访日与日中关系》，《常磐国际纪要》，第7号，2003年3月）

尽管当时中日两国关系正常化仍然任重道远，但李德全访日毕竟实现了中日互访的开始。此后两国间的往来越来越广泛，并呈现多方位交流的趋势。如1955年3月中华总工会代表团访日，1955年4月中国国际贸易促进会贸易代表团访日，1955年10月中国商品展览会在东京、大阪举行，1955年12月郭沫若又带领中国文化学术代表团访日，1956年5月梅兰芳带领京剧团访日等，而日本团体与个人访华更是络绎不绝，双方民间、贸易、体育、文化等领域的沟通进入了空前活跃的阶段。

3. 日本热议李德全

李德全被日本朝野视为"新中国代言人"形象受到普遍关注，集中在她率领中国红十字总会代表团于1954年、1957年两次访问日本前后，那是当时日本社会舆论最热衷讨论的焦点之一。至于日本媒体对李德全的介绍、描述乃至分析解剖，则经历过从片面到全面、从笼统到具体、从浮浅到深入的过程，年代跨度要长得多，直至今日她还是日本政界、妇女以及学术界涉及中国时经常切入的话题。

新中国成立后，日本报刊较早谈及李德全的文字大都简短而粗略。如《朝日新闻》1952年12月16日"特写"专栏，曾从"纯粹的基督教徒"的角度介绍李德全在儿童福利事业上的业绩,尽管涉及过她的生平经历,文末却坦率承认对其"年龄不详"。1953年4月出版的第48期《社会人》杂志,目录中虽有《李德全女士》的标题,内容却只是简介性的"录音新闻"片段:

> 中共红十字总会会长,因中共地区的日本人回国问题而受到注目。李女士是以"基督教将军"闻名的冯玉祥将军的未亡人,出生于河北省贫苦农家,毕业于北京的协和女子大学。中共政府成立伊始担任政务院卫生部部长,后兼任中共红十字总会会长。

随着日本在华侨民经中日两国红十字会协商,自1953年开始陆续成功回国,中国红十字总会会长李德全的名字在日本媒体上出现得越来越多。日本女记者、作家神近市子(1888—1981)在1954年由室町书房出版了《举灯的女人——二十世纪世界妇女评传》一书。书里分章节长文叙述与评价了十多位各国著名妇女,其中的两名中国人是宋庆龄和李德全。关于李德全部分的标题是《同丈夫共命运——李德全夫人》,全文共分四小节。作者从日侨和战犯陆续回国说起,进而引出时任中国红十字总会会长并即将访问日本的李德全。书中坦承:

> 不可思议的是,在任何人名录上都查不到李德全女士的出生年月日。尽管对活跃在同一时期并在当今担任各种要职的何香凝、邓颖超(周恩来夫人)、蔡畅诸女士很容易

了解，但遍查各种人物志、人名录却没见到李德全的名字。我认为这可能由于她在中华人民共和国成立前的活动，主要掩盖在亡夫冯玉祥将军名下，自己在社会上露面比较晚。比如，她的社会活动始自1937年到抗日战争期间伴随冯玉祥工作，但并未脱离公私事务繁忙的冯玉祥而走上社会。冯玉祥为出席1949年6月在中国召开的人民政治协商会议预备会议，因回国途中乘船在黑海上发生火灾去世。此后，李德全女士的活动才开始没有了丈夫的背景。

据见过李德全女士的人说，她有50多岁。出生地是河北省通县，也有错写成包县的。关于她的家族，有的记载是身兼牧师的贫困自耕农，但也有的说因为三代前就是基督教徒，她后来进了富裕家庭子女才能入学的北京贝满女子中学，关于是牧师子女的说法并非事实。

总之，她16岁时离家到前面提到的贝满女子中学读书，后来又考入了燕京大学前身即协和女子大学。

燕京大学是美国为援助中国教育事业建立的学校，其多有变化，是人民共和国成立前整个战前和战争期间，以教师、学生进步思想人数众多而知名的大学。正如这类学校常有的现象，旧时代的外国教师特别是女教师，对亚洲民族怀有优越感，觉得自己的工作带有恩赐的意味。年轻的李德全女士对这样的种族歧视非常愤慨，大约从那时起她的民族意识开始觉醒。

大学毕业后她成为贝满女子中学的教师，同时担任北京基督教女青年会的领导。

她29岁时与冯玉祥将军结婚。这次婚姻无论是对李德全还是对冯玉祥来说，大约都是一个转机。

这些比较详细的介绍除少数细节不够准确，如"协和女子大学"全称应为"华北协和女子大学"，李德全在北京基督教女青年会担任干事并非属于"领导"性质，以及她结婚的确切年龄应是28周岁等，其他内容基本属实。尤其难得的是，这篇较长的文字，叙述的笔墨集中在李德全婚后伴随丈夫冯玉祥将军经历的长期复杂多变的政治与私人生涯，其评价大体客观、公允。这显然与作者神近市子当时思想左倾有关，文句中常常流露出与李德全的人生态度同调并内含敬仰之意。时隔多年之后，这篇长文仍堪称日本介绍与研究李德全的奠基之作。

李德全访日的1954年11月，第46期《新女性》杂志发表了根据日中友好协会成员加岛敏雄、柳田谦十郎（1893—1983）、鹿地亘（1903—1982）谈话整理撰写的《欢迎李德全女士》一文，谈话人显得对李德全比较了解和熟悉，叙述的内容也具体、生动得多。在介绍了中国政府对日本侨民回国问题的人道主义立场后，文中写道：

> 以军阀的实力派将军冯玉祥未亡人知名的李德全女士，同样是贯彻人道主义之人。该女士是自学生时代接触基督教，热心的社会慈善家。在抗战时期，奔走在满是血汗和泥土的战场上，投身红十字会事业的李德全女士，留下了不少插曲。
>
> 深夜里李女士饿着肚子，筋疲力尽回到据点，微笑着让年轻战士吃面条，并说："我就这样将就着睡罢。"脸

上被汗水和泥土弄得像泥瓦匠，仍爽朗地笑着。

在旧社会，李德全女士的爱人之心最终并未获得回报。在新中国，红十字会才当真成为"为人民的红十字会"，她这次要真正奉献一生。

由于在很长时间里难以找到确切的文字资料，日本报刊只得寻找熟悉或了解李德全的人撰文评介李德全，这样的文字也非常受日本读者欢迎。像与李德全在美国有过交往的日本社会活动家、评论家石垣绫子女士（1903—1996），在1958年由青春出版社出版的《女人像太阳》一书中，特辟《牢固联结东方的友情——再会李德全女士》一章，回顾了自己与李德全的结识以及李德全首次访日期间同自己的接触与互动。石垣绫子在1926年去美国后，投身反对日本侵华战争和太平洋战争的反战运动，与身为画家的丈夫共同参加过对日反战宣传并协助美军搜集日本情报。她对新中国成立后能与到访日本的老朋友重逢非常兴奋，书中写道：

同李德全女士分别八年再次见面了，确实怀念她那与纽约时代丝毫未变的笑脸。在美国分手时，并不知道什么时候以及在什么地方能够重逢。当时，中国的蒋介石政权与共产党方面对立，深陷内战的旋涡。如今想来，那时固然怀有新国家尚未诞生的焦虑，送别李女士回归中国的时候，做梦也没有想到还能在东京再会。自那以后的八年间，李德全女士迎来了新中国成立，成为相当于内阁阁员的人民政府卫生部部长、红十字总会会长，已经活跃在国际舞台上。

　　在李女士一行不足两周的访日行程期间，我在各种欢迎会席上尽管有同李女士公开寒暄的机会，但毕竟缺少从容、踏实交谈的闲暇，想起来很遗憾。因为在箱根那天晚上休息，她曾说"请到我的酒店来吧"，我便去她下榻的富士屋饭店找她。

　　……

　　李女士环视着房间，仿佛回忆（我们在一起）的情形，我也记得很清晰。那时我们谈过中国的未来、与日本的关系、亚洲人的同志友情，也以女朋友的随意触及李女士与冯氏结婚的爱情问题，坐在床上直到深夜。当初还是北京 YMCA 干事的李女士，由于为来参观的冯玉祥做向导，实际上双方已心生爱慕之情。当时，新娘李女士 29 岁，新郎冯氏才葬送前妻。冯氏是掌握统治北京实权的著名将军。令他对李女士动心的并非她外表的漂亮，一定是其善良的心灵以及知识和教养的素质。

文中个别表述不十分准确，如除前曾提及的结婚年龄之外，"YMCA"应为"YWCA"之误，李德全担任过干事的是基督教女青年会而非基督教青年会。不过，作者女性的细致文笔，一扫李德全身为国家卫生部门最高领导人的官方色彩，确实令读者感到既亲近又轻松。文章接着叙述李德全生涯和访日的细节也相当活泼、自由，毫无学术论文的僵硬腔调。这可以代表日本朝野当时认识李德全的角度与基本印象。

五　采访亲历人员记录

1. 王效贤访谈录

被采访人　王效贤（◆）
采 访 人　程　麻、林光江（◇）
采访地点　中国人民对外友好协会
采访时间　2015 年 6 月 24 日

◇　（拿照片给王效贤看）您看这是不是您？
◆　没错，就是我。
◇　是吧。刚下飞机拍的。
◆　你还有这张照片？
◇　有。这张照片现在流传得很普遍。
◆　我那时候才多大呀！
◇　您才多大？您那时还没毕业？
◆　还没毕业。我是 1953 年就被调出来了。
◇　"借调"，中国叫"借调"。借调到外交部了？
◆　那时候叫外交学会，还不叫外交部。因为不能上外交部，那是民间友好工作，是学会。一直在外交学会，后来才到外交部。
◇　1955 年才毕业？
◆　我们都在廖公（廖承志）底下，廖公管着。有个班子，我就在那班子里头。
◇　当时不叫日语系吧？

◆　北大呀？北大叫东方语言文学系。那是个大误会。我呢，当时毕业的时候想学中国文学，我的班主任说，如果是学中国文学不要上学，那是要靠经验的。你就甭上学了。

◇　有道理。

◆　我觉得不念个学校不行，我是北大的学生，不让我念我不干。当时，北大有个东语系，叫东方语言文学系。我以为是学东方语言的，包括中文。我以为，那好呀，你不让我学中文，我学东方文学。去了那儿以后，不是那么回事。人家说你选个科吧，我就选了日语科。

◇　因为你懂日语，基本不用在学校学？

◆　从小就学。我是大连人。我的班主任就是日本人。现在还认得，叫樋口。

◇　难怪，大连在日本占领时期都会日语，所以就不用学了。

◆　我那时候还学什么？在大连的时候，我是到中国学校，学中文，但是也能学到日文，班主任就是日本人。后来上长春了，到长春以后呢，中国人的学校全是"勤劳奉仕"（义务劳动），不上学，不念书。那我怎么办呢？那我就上日本人学校，还能念个书啊！就上个三笠小学校，完了念的锦丘中学校。

◇　那北大您是自己考来的？

◆　是考来的。是1951年，解放了。

◇　但是因为日语好，所以就不用读日语了，就借调出去帮忙了，是吧？

◆　因为日语好才到那儿去的。我不是 1951 年去的吗？1952 年高良富他们就来了，还有那个什么，三个人。

◇　他们那是以民间身份来吗？

◆　民间身份来的。那是第一个日本人，官腰喜助。还有一个叫什么来着？三个人。（采访者注：另一位叫帆足计）

◇　您就来负责接待？

◆　廖公就让我去接待。不是让我去接待，就让我在北大，说既然来了日本人，你就在北大接待一下。他们跟孙平化在一起来的，孙平化说外头这么缺翻译，你在这儿干什么？跟廖公说，马上走吧！这样，就把我调走了。

◇　也算毕业了。正式调到了外交部了？

◆　正式调了。

◇　（指访问日本）这件事是 1954 年？

◆　是 1954 年 10 月。（指照片）这是才下飞机的照片。然后，（指另一照片）你看这是谁？

◇　我觉得像西园寺？

◆　这才不是西园寺。

◇　唉，这肯定是皇家的，高松宫？

◆　对了。这是三笠宫和高松宫妃。那男的是三笠宫，女的是高松宫妃殿下。

◇　这后边是廖公。这旁边是您吗？那时候还挺胖。

◆　这旁边是我。

◇　现在人不太能够理解，那时候为什么跟日本政府没有建交，倒跟皇室有些来往，包括刚才提到的西园寺这些人。那时候是怎么一种情况？

◆ 那时候日本政府还跟台湾好，还建交，但是（日本）人民跟中国特别好。新中国没成立，就开始跟中国友好。像松村谦三他们，石桥，那都是日本名人、政客，石桥湛山1954年就来了，松村谦三1953年就来了。所以，那时候包括日本的财界跟中国都很好，经团联的部长也是。

就是吉田茂不行，就跟岸信川一样，岸信川那时候就是跟中国不好。咱们是1949年成立的，1950年日中友协马上就成立了。

◇ 对，他们日中友协成立比较早，1950年就成立了。

◆ 在1949年我们一成立，日本的财界马上都起来说，一定要承认中国，一定要承认中华人民共和国，不承认不行。

◇ 我想，那时候日本政府可能主要听美国的指令，美国和（中国）台湾方面有外交关系，有朝鲜战争，但一般日本的民众，包括您说的财界也好，皇室也好，对中国的感情都很好。可能是这么一个情况。所以，现在想想，一般中国人不能理解，为什么（你们）都能见皇室的人、财界的大财阀？

◆ 那时候的（日本）财界就认为，一定要跟中国好。当时是谁有句话，不知是日本的哪届政府说，我有两个面孔，我的前面的面孔对着美国，后面的面孔对着中国，你要做我后面的面孔。我对中国的时候你要帮我。

◇ 他也是两面的。

◆ 我这个《新中国的对日关系纪实》您可以看一看。当时，比1953年还早，周总理给李德全讲，给咱们其他的中国人也讲，我们一定要跟日本想办法接上头，日本政府虽然不理我们，我们一定要跟他们接上头。现在叫"以民促官"。

◇ 当时确实是这个口号。

◆ 政府不是不理吗？我们的对日政策是"以民促官"。日本的民间本来就对我们很好，他们觉得对中国不能够不承认。所以，周恩来总理就提出"以民促官"。

为什么要派这个代表团呢？比1953年更早的时候，红十字总会会长李德全到那儿去开会的时候，周总理就跟她说，你想办法要认识日本赤十字社的岛津忠承，跟他接触，这样我们有些事情就好做了。比如说，我们当时在中国有很多日侨，要把这些日侨送回去，就得通过这个途径。

◇ 那最早还不是战犯，从日侨开始，1953年就已经和日本赤十字社有联络了。

◆ 从1953年开始。你要说早的话，更早松村谦三1951年就跟咱们联系了。新中国一成立甚至新中国还没成立的时候，这些人就跃跃欲试，要承认新中国。所以，新中国一成立，松村谦三就来了。

◇ 他是最早来的。

◆ 那时候，周总理还陪着他，陪着松村，去看密云水库。密云水库那时刚开始建。

◇ 如您所说，后来李德全访日这个事情完全是周恩来总理一手组织、安排的。

上编　李德全在日本外交首"秀"

◆　也可以这么说。李德全为什么要访日呢？因为新中国一成立日本人就跟我们友好，从1953年开始，我们把日本的侨民送回去。那时候我们还不叫"引扬"（回国），"引扬"是国民党那时候的说法，叫"送还"；叫"日本居留民""送还"；也不叫"日侨"，为的是区别于台湾。叫法都挺注意的。那是1953年的事，我们把他们送回去。那时候，我们也还很困难。日侨回去的时候，日本是"兴安丸"来天津接的，之前他们从各地到天津的路费，周恩来总理说，他们到天津的路费都由我们出。他们坐了"兴安丸"回去，当时坐着"兴安丸"回来的还有很多华侨。

◇　好像那时是到京都的舞鹤港。

◆　为什么有（中国）红十字总会访日呢？因为有很多日侨送回去了，他们非常感谢我们。怎么感谢我们呢？这个事情是周恩来派李德全在国际红十字会跟他们联系的，所以他们觉得要感谢我们，就邀请李德全访日。

◇　在1954年之前已经送回去了？

◆　1953年。

◇　那是日侨。

◆　因为这事情是李德全跟岛津忠承办的，他们一直要请李德全。但是日本政府一直不批，所以拖了很长时间，用了十个月，到了1954年的10月才成行。本来是从1953年年底、1954年的1月份就开始邀请，可一直去不成，就用了十个月。这个代表团是廖公廖承志同志管的。

◇　实际上，廖公在后面对日本很熟悉，这事情都是他组织策划的。

◆ 廖公去了就说，他用他那"江户弁"（东京口音），引用鲁迅的一句话，说路原本是没有的，走的人多了就有了路。中日友好之路没有绝，也是人走出来的。李德全这个代表团一去，在日本简直是……

◇ 轰动啊！

◆ 轰动啊！轰动到什么程度呢？每天早饭、中饭、晚饭还不够，人家说还没有给我安排（会面）怎么办？就得在早、午、晚以外再另外安排午茶。喝咖啡、喝茶，都还不够，一天忙得不得了。

◇ 应接不暇。

◇ 都是您翻译的？那您更忙。待了几天，当时？一共有几天，十天吗？

◆ 不是十天，几天？我现在都给忘了。

◇ 好像去了六个城市，那去的城市不少。

◆ 去了六个城市吗？我现在都忘了。我就记得京都、大阪那一块。去了北海道吗？去了北海道。（采访者注：此记忆有误，当时代表团并未去北海道）主要是京都、大阪。

◇ 关西这一带。

◆ 关西。日本人那个友好，我就记得一句话。他就说那个……我们走的时候廖公很注意，叫我们到了那儿以后要穿什么衣服。我呢当时因为是学生，就自己做了那个制服，还做了一套西装。廖公还做检查，指导到了那儿以后穿什么衣服，怎么交际，说话什么的都检查呀。所以我的西装廖公一看，就说："这小姑娘，这个等着进棺材再穿。怎么能上日本去穿这个？"我说："那穿什么？""穿旗袍。"

◇　民族服装。

◆　（指照片）你看得出来是旗袍吗。一个红旗袍，一个绿旗袍，做了两件旗袍。所以一下飞机就穿着红旗袍。廖公他什么都管。

◇　我在（来时的）路上说，廖公说话是非常幽默、有趣和随便的一个人。他说你穿着衣服进棺材，一般的官员不能这样讲话，但他就很随便。廖公管得很细呀。那你西装不穿了？

◆　都是旗袍。一路上就是两件旗袍，一个红的，一个绿的。李德全穿一身黑旗袍，里面还镶着什么，我忘了。

◇　那时觉得可能旗袍是中国民族服装，很有特色。

◆　我到了京都那一带。先说坐火车，坐新……那时候也是新干线？

◇　没有，那时哪有新干线。没有，东海道线。过去很慢的那种老火车。

◆　坐火车的时候那日本人多么的友好啊！就是一定要上车来看我们，一上来那火车就开了，怎么办呀？他们就坐下来，坐一站，坐两站，完了再下去，就这样跟我们说话。我记得那时候他们送我们那种纸鹤，给我们叠。

◇　千纸鹤。

◆　从京都到大阪就不坐火车了，坐的是汽车。这时候坐汽车最有意思了。因为坐汽车大家都能看见，坐火车他得上来才能看见。底下人山人海，都排着队，两旁全是

人，跟你招手。我就听见一句话："なんだ中国人って私たちと同じじゃないですか"（中国人和我们不也一样么？）我对这么一句话到现在都记得非常清楚，可不是吗。李德全就一直招手，一直招手，不停地招手。他们觉得中国人跟日本人没有两样。

◇　是没有两样。我后来看一段电视录像，那好像是日本的电台或者是什么电视，那时还没有电视了，就是电台，或者是开会吧，朗读这个战犯名单，什么什么"桑"（さん），是哪个县的人哪。当时，这个名单是你们在的时候就公布了还是后来的事情？当时没有公布，只是把名单给他们了？

◆　给他了。

◇　给谁了？交给日本赤十字社？

◆　这个名单，我想想。名单应该是交给了红十字会。

◇　咱们是外交部那边提供的名单？

◆　那时候都不经过外交部，都是外交学会。

◇　我看好像是1019人B、C级战犯。

◆　我们就留了他40几个人判刑，其他人都放了。

◇　您在访日期间对李德全有什么印象？总的感觉是什么？

◆　一个非常好接触的人。她一路上对我特别好。

◇　是吧。女同志也不多，那里头就你们两个女的。

◆　后来，我们变成了好朋友。

◇　她在这之前是卫生部部长？

◆　卫生部部长。

上编 李德全在日本外交首"秀"

李德全在日本游览

◇ 后来，才当了中国红十字总会的会长。我看她有这样的才干，因为她当初是北京市基督教女青年会的干事，她讲话，或者搞社会活动这方面特别活泼，很有胆量。那时候日本赤十字社好像是皇族的，所以总是要见三笠宫呀，高松宫呀什么的。

◆ 1953年的时候，三团体就是日本赤十字社、日中友好协会、日本和平联络会到中国来，这时候（日本）赤十字社就邀请了李德全，因为李德全会长那时候到摩纳哥开了国际红十字会，接触过日本。周总理特别让她在那里接触岛津忠承。当时就发表了（声明）在中国有3万名日侨，我们愿意把他们送回去。

◇ 您记得那第一次访问，除了日本赤十字社、皇族这些人和民间人士之外，财界的人士，有没有日本官方、政府方面的人，但是他身份不是以政府身份出现，而是以民间身份出现，也接触过这样的人吗？

◆ 他根本不用说政府的人而用民间的身份，就那么公开地用政府人员的身份接触你，财界，特别是财界的，就那么直接接触。

◇ 他不隐讳自己的政府身份？

◆ 不隐讳。像那时候，我认识一个人，后来跟我很好，就是日本的外务省的中国课长。

◇ 叫什么名字？当时日本外务省的？

◆ 外务省的中国课长，后来一直跟我非常好。

◇ 那时候日本中国课的外交可能主要是和台湾的接触。

◆ 那个中国课长还特别好，后来和我成了好朋友。

◇ 我们能查出1954年前后外务省中国课长的名字。那时他主要和台湾之间有外交活动，但不隐讳自己的身份，也愿意和中国政府打交道。

◆ 这文章里写着，在日本逗留了13天，到东京、名古屋、京都、大阪、神户、横滨，六个城市。

◇ 没有北海道，就是在关东、关西这一带，往西、往南。

◆ 然后，（读文章）"每天都是早、午、晚三次宴会，上、下午则是频频出席欢迎大会或各种座谈会。即使这样，还是有些单位的盛情邀请无法满足，只好下午4时左右再安插一次茶会，以照顾一些友好人士的要求。搞得我们自早7时出发，到晚10时回到饭店，简直是名副其实的分秒必争。据不完全统计，仅参加国民大会和各种座谈会的日本朋友就有七八万人。"

代表团每天都登报，每个人的房间号都登报，全在报纸上。

◇ 所以，他们有人就到房间去找。

◆ 只要火车一停就上来了。而且啊，我们的保镖，除了刚才（说到的）那位以外，还有很多华侨保镖。华侨对他们不放心，还有日本的朋友、友好人士对那个警察不放心，他们自己给我们当保镖。我们睡觉的时候他们在门口站岗，他们一夜不睡，一直保护我们。后来，这些人到中国来的时候，就说你们到日本期间，我们在一直保护你们。让我特别感动，我每次都给他们行个大礼，感谢他们。

◇ 那时候，日本还属于美国占领时期？

◆ 对。代表团乘汽车从名古屋到大阪、京都的时候，一路上两旁的人络绎不绝。他们都要看看，那时候不是叫"竹幕"么，"竹幕"的人到底是什么样。

日本难忘李德全

◇ 在解放前，李德全曾经是基督教徒，这时候到日本去和基督教人士没有什么接触吧？

◆ 没有特别跟他们接触。（读文章）"红十字总会代表团访日时，李德全团长亲自把全部战犯名单交给日方。1956年3月政协第二次全国委员会常委会专门讨论战犯处理问题。周总理以政协主席身份主持会议。他说：'这些人是战犯，但20年以后就会成为朋友，会成为关心中日友好的朋友。'"

◇ 周恩来是眼光很远大。

◆ 后来，古海忠之回去的时候，周恩来特别接见了他，说你回到日本以后，别忘了中国，你还要继续跟中国友好。古海忠之说是。周恩来说，欢迎你再来。古海忠之不仅自己跟中国友好，他的儿子也跟中国友好。所以，我跟古海忠之的儿子还是朋友，我们两个人是多少年的老朋友，如今老了我们两个人才没有联系。

◇ 他是哪一级的战犯？当时级别挺高的。

◆ 古海忠之？古海忠之当时是满洲国的头号战犯。满洲国的叫什么？

◇ 那是叫驻满……关东军？当时的军队是叫关东军。他不是，好像他是满洲政府……

◆ 满洲国政府。

◇ 他们回去成立了一个叫作什么……

◆ 两个团体，一个是侨民的团体，另一个是战犯的团体。

◇ 战犯的叫"中国归还者联络会"。可能是这样，那是战犯的。

◆ 叫"日中……"

◇ 就叫"中国归还者",他们是这么叫的。"中国归还者联络会"。

◆ 古海忠之是伪满的总务厅次官。

◇ 那时他的地位在战犯里好像是最高的一个,或者战犯中罪行最重的一个。好像从1956年开始放他们回去的。1954年是把名单给了他们,改造两年以后,1956年开始一批一批地往回送,到20世纪60年代才完全送完,大概是分了四五批吧?

◆ 1956年6月到9月,由日本派船接回去了,只留了45名罪行最严重的。

◇ 可能罪行严重的是1964年最后放的,这40多个。

◆ 一个都没杀。

◇ 1964年最后完全送完。这个代表团,一共有几个人呢?您现在想一想,一个是团长李德全了,副团长是廖公了。那么,其他还叫团员吗?还有几个。您是翻译,杨振亚也是翻译。还有几个团员?

◆ 吴学文是记者。

◇ 是记者,对。我看吴学文有一篇文章,他谈的。当时,他好像是新华社的吧,也不知道是不是《人民日报》的?他是记者。还有谁?

◆ 还有那肖向前,还有……

◇ 啊,肖向前。他也算外交协会的?

◆ 肖向前是外交协会的。

◇ 还有谁？……正副团长、肖向前，杨振亚和您两个人都是翻译，两个翻译。

◆ 倪……倪斐君。是女的。

◇ 她是什么身份吗？也是外交学会的吗？

◆ 不是。她也是红十字会的。

◇ 红十字会的？李德全那边的。倪斐君。

◆ 李德全那边的。还有个男的，叫什么？都不在了，这些人。就中国红十字总会的人，后来我有一张照片，剩下了杨振亚、吴学文、我。

◇ 现在吴学文还健在？

◆ 吴学文还在。

王效贤（中）、林光江（左）和程麻

◇ 杨振亚呢？杨振亚比您岁数大吧？

◆ 杨振亚比我大。他是外交部的。

◇ 正副团长、两个翻译，再加上团员，就是方才您说的，李德全她一个红十字总会的，肖向前一个，外交协会的。对吧，这几个，六个。

◆ 还有一个去世的，我想不起来叫什么了。倪斐君呀什么的都不在了。

◇ 时间差不多了。谢谢。

2. 郭平坦访谈录

被采访人　郭平坦（◆）
采 访 人　程　麻、林光江（◇）
采访地点　北京市海淀区翠微路郭平坦宅
采访时间　2015年9月11日

◇ 您的老家是哪里？

◆ 我是1933年在台湾台南市出生的。祖先是山西汾阳，后来到河南固始县，后来搬到福建的漳州，后来到台湾。父母的坟墓写祖籍山西汾阳，号称郭子仪（697—781）后裔。在台湾已是第五代了，那时是日本统治时代，从一、二年级开始学日语。我父亲那时开卖布店，因为经济不景气，小学二年级7岁全家搬到日本，改办纺织厂。从7岁至22岁有16年多，读小学、中学、高中、大学、研究生都在日本，进入早稻田大学法律系念国际法，在日本17年一直在上学。从1952年开始参加中国留日同学总会，1954年加入地下党。

◇　那时叫日本共产党还是中国共产党？

◆　中共中央和日共中央协商成立一个日本共产党华侨支部，留学生支部，属于日本共产党。日本共产党20世纪50年代被美军搞垮了，我们后来属于中国共产党领导。1955年万隆会议提出"和平共处五项原则"，主张不干涉内政，在日本搞地下党不合适，就解散了。这时候廖公（廖承志）代表中共中央亲口告诉我们，你们该解散了。

◇　后来您是哪年回来的？回来后党籍就接上了？

◆　1956年回来，重新考核党籍。我回来在高级机密机关年年是优秀干部、标兵模范，但出身大资本家，出身不好，不能入党。1974年林彪摔死后又马上入党，中间有20年。

◇　那您是非党、党外工作人员？

◆　因为我曾是地下党，又是学生会主席，有这个经历，也被看重。

◇　您比林丽韫回来得早？

◆　晚。林丽韫是1952年回来的，她没有在日本上大学，回来上的北大。

◇　她父亲还在日本？

◆　她父亲在神户侨联，是地下党。我1954年结婚的时候，因为都知道我是共产党，不敢当我的媒人。他父亲知道，说我来当。后来我当了外交官，他的孙子结婚，我当媒人。

上编 李德全在日本外交首"秀"

◇ 您的经历很曲折。今天主要想请您介绍一下李德全率领中国红十字总会代表团第一次访问日本时的过程。

◆ 我主要讲讲自己经历的事情。李德全率领代表团到日本去是中日关系的突破。当时,中华人民共和国才成立,美国敌视。日本政府跟随美国也敌视中国,不仅是敌视,还封锁中国,禁止跟中国做贸易。1950年12月日本跟着美国成立了一个管制通缩委员会,当时的首相吉田茂本身很看重对中国贸易,希望和中国做买卖,但在美国政府压力下,1951年《旧金山和约》之后,就先重台湾了。在这种情况下,中国当时外交战略的中心任务是毛主席、周恩来亲自参与制定的,是如何突破封锁,和日本建交。李德全去日本抓住人道主义,日侨回国,就突破了。日侨回国之前也适当谈过贸易,日本很想和中国做贸易。1952年5月,有三个国会议员:高良富、帆足计、宫腰喜助,他们通过莫斯科转到北京来,签订了第一批中日民间贸易协定。

◇ 这三个人是经济界的人士?

◆ 不是。他们是国会议员,但代表经济界。这本来是一个小小的突破。1953年朝鲜战争停战了,后来日侨回国了,日本通产省稍微宽松了,日本国会通过了促进日中贸易的决议。1954年9月日本成立了日中贸易促进协会,这也是突破。但是,贸易面很窄,整个日本动不了。在这种情况下,1952年12月1日,中国政府发言人赵安博通过新华社发表声明,说在中国的日侨有4万多人,希望能回日本,中国政府需要日本政府派人到北京来协商。

于是，日本三团体：日本赤十字社、日中友好协会、日本和平联络会，到北京和中国红十字总会协商。当时，中国红十字总会谈判团团长是廖承志。

◇ 那是1953年？

◆ 1953年2月下旬，中日双方达成协议并发表联合声明，由日本政府派船到中国接日侨。从1953年3月开始，日本船到上海、天津、秦皇岛这些地方接日侨回国。经过就是这样。为什么说这经过是突破呢？有三个方面：第一个是回日本的日侨广泛宣传新中国。第二个，他们回国，在日本的华侨也大量回到中国，人员的交往多了。第三个，李德全她们代表团去了日本以后，中国的工会代表团、体育代表团都去了，日本也是体育代表团、青年代表团到中国来。当时，对日工作是民间先行、以民促官，而且抓住人道主义。这些突破很不简单。

◇ 对。

◆ 中国的日侨回到日本引起了很大反响。因为当时日侨留在中国东北的比较多，来不及回去，这些人后来很多参加了解放军，个别人参加了中国共产党。他们目睹国民党腐败无能，苏联军队无法无天，相比之下中国共产党、八路军纪律严明、秋毫无犯，而且确实诚心诚意地为人民服务。这些事情他们经历过，很受感动。在他们回国的问题上，中国政府给他们钱，还有东西，提供方便，真正做到了仁至义尽。他们回到日本后广泛宣传，一回去就广泛宣传。当时日本的媒体还好，左派占优势，这些日侨宣传新中国、中国共产党的好话都能够报道，日本掀起了一个"中国潮"——"China Boom"。

◇ 那个时期为什么日本媒体会对中国的态度相当好？

◆ 日本投降以后，左派一下子上来了，各媒体左派力量很强。许多媒体比如以《朝日新闻》为首，都迅速反映这个事情，在日本影响很大。还有我们华侨也是这样。当时在日本的中国留学生有一个爱国的中国留日同学总会，下面有六个集体宿舍，都有组织委员会，他们邀请这些日侨去介绍情况、座谈。这些学生当时思想上对共产党、国民党不是那么清楚。当时我住的"清华寮"，是台湾学生的宿舍，他们对新中国、中国共产党有好感，但是不了解，对国民党因"二·二八事变"，很仇恨。当时多数人还是同情中国共产党的，日侨去一讲以后，就基本倾向了新中国。后来从1953年开始"回国运动"，没想到好多中间派，我们左派原来以为落后的人有些都回国了。宿舍的40多个人中大概回国了三十几个人，他们家都在台湾，都是东京大学毕业的、帝国大学的高才生，有好几个。

◇ 战后大陆的中国留学生已经很少了，都回国了，留下的大部分是台湾的？

◆ 对。第二次世界大战期间，到日本去留学的多是"满洲国"、汪精卫派去的，最多时有3000多人。日本投降前美国轰炸，好多回去了。日本投降时，留下了五六百人。台湾学生也回去了，剩下了七八百个人。据1946年的统计，1100多个留学生，大陆三分之一，台湾三分之二，他们成立了留日中国同学总会。在这些日侨的影响下，留学生也好，华侨也好，都倾向了新中国。说实在的，我们认识新中国、中国共产党都是通过他们，通过日侨。

◇ 您刚才说是1952年已经入党了？

◆ 不是，我是1954年入党的。

郭平坦

上编　李德全在日本外交首"秀"

◇　那还是听到他们日侨的话、宣传以后。

◆　对。我的二姐夫 1956 年在台南被国民党枪毙了，后来弄清楚了，他是中国共产党台南市委书记，地下党，我就对国民党有仇恨，当然倾向于共产党。多数人尤其是中间派大部分倾向新中国都是通过日侨影响，华侨也是这样。还有一个特殊情况是战犯，苏联军队攻打东北时抓了好几万日本俘虏到西伯利亚去，做劳役吃不饱饭，而且歧视、虐待。除了几个积极分子、"线民"以外，都很苦。新中国成立以后，毛主席对苏联提出来，要把日本战犯交给中国，这涉及中国的主权问题。1956 年冬天，苏联把 890 多个战犯交给了中国。战犯我们从 1953 年开始在抚顺审讯，后来 1956 年陆续又送回来一些。这期间我们的待遇与苏联截然不同，不让他们劳动，吃好饭，就是学习、认罪、教育，认识自己的错误。这些人开始是有抵触情绪的，后来在我们的感化下认罪了。我接待过一个远藤三郎中将，他说在审讯时震动了他的灵魂。一个叫张葡萄的老太太，哭着指责远藤三郎，你为什么杀害我的丈夫、我的孩子，那么残忍。1956 年他们回国以前都认了罪。

◇　回国之前战犯的名单是李德全她们代表团 1954 年送到日本的。

◆　是。李德全把这些名单交给了日本方面，日本方面才知道有这么些人。最后经过审讯，判了 45 个人起诉，最重的判了 20 年，到 1966 年全部释放。除了抚顺以外，太原还有一批。总共 1109 个人，从 1956 年开始陆续回去。这些人回日本去全心全意宣传中日友好、中国共产党，把他们的余生献给了日中友好。他们说了，当时中国人骂我们"鬼子"，我们确实是"鬼子"，共产党把我们变成了人，特别感谢共产党。这些人和那些从苏联回来的不一样，从苏联回来的那些人一上新潟港马上就游行示威，反对苏联，抗议苏联的不人道。我亲自在火车上听过，当时我正从神户到东京上学，有几个日本人在说苏联怎么虐待他们，越说越慷慨，说："他妈的，他们要干我们就再和他们干！"很仇恨苏联。当时，从中国回来的战犯一回到舞鹤港，就有代表发表声明，特别感谢中国，感谢中国共产党，我们的余生一定要献给日中友好。

◇　和在苏联服苦役形成了鲜明对比。

◆　就有一个人，在"满洲国"当过法官的一个家伙，回日本去又当了法官，这个人说中国的坏话。结果其他日本人就把他在中国的自白书交给日本报纸捅了出去，自白书上写我做多少多少坏事，我非常惭愧，表示道歉。这个一登出去，就没有人理他了。其他人都是真心诚意感谢中国。比如说，1953年五一劳动节，我们中国留日同学总会扛着五星红旗、毛主席像游行。回来的日侨年轻人，小女孩子、小男孩穿着中国的衣服，跟我们一起游行，还跳着秧歌舞，他们对中国是真的有感情。日中友好协会后来在全国发展，就是靠他们。中国政府的宽待政策通过中国红十字总会把他们送回日本去，起了很大的作用。有这个舆论基础。

上编　李德全在日本外交首"秀"

1954年11月中国红十字总会代表团和华侨合影。
前右3是廖承志，后右1是郭平坦

◇　这样李德全去日本的时候，整个的环境对她特别友好。

◆　李德全去是日本赤十字社总裁岛津邀请，日本方面为的是表示感谢。

◇　李德全到日本，你是从头到尾一直……

◆　不是，这误会了。当时我是（中国留日同学总会）第三把手、东京同学会的主席，而且我的中国话不太好。（指照片）这个吕永和，他是东北人，他是真正跟着廖公走了，1955年回来后在廖公办公室工作。1954年以后，我当第一把手后是保卫队队长、翻译。日侨回来4万多人，当时日本也有4万中国人，台湾人占三分之二。

为什么呢？第二次世界大战期间，日本缺少劳工，从台湾拉了不少劳工去到日本去。他们在日本投降之后靠做"黑市"，还有的倒卖东西，开始还行，一到1952年、1953年就不行了，生活没有着落。当时，台湾国民党镇压台湾人，感情上不好，而且台湾经济也不行。新中国虽然刚刚开始，但欣欣向荣，蒸蒸日上，很得人心，他们就都要求回国。新中国一成立后感到缺乏人才，百业待兴，特别是外交部门要"另起炉灶"，过去的汉奸、国民党都一律不要，很缺日语人才，同学会从1950年开始，陆陆续续回国参加工作。那时候船费很贵，而且要办很复杂的手续，要报东京华侨总会，再报到国民党代表团……时间长、费用贵，甚至程序需要跑到香港。1953年已经有好几百个人想回来，靠个别办法不行。正好我们听到红十字总会的消息，以后东京华侨总会、同学总会就向中国政府提出来，希望中国政府向日本政府要求，让我们坐日本接日侨的船回来。后来，华侨总会和日本赤十字社联络，日本政府答应了。

◇　接日侨的船回过头来接华侨。

◆　这样达成的协议里有一条：接日侨的空船送日本的华侨、留学生。但是，接了四批以后，一到5月、6月，日本政府变了卦了，一个说是韩国政府、美军不保证安全，还有台湾当局觉得台湾留学生不回台湾到大陆去，还有好多台湾劳工不回台湾也到大陆去，他面子上过不去，台湾也提出抗议，表示不保证安全。在这样的情况下，华侨6月5日开大会，抗议日本政府失言，出尔反尔。然后，好几百像我们这样的年轻人从一桥礼堂走路，走到外务省，跑到外务大臣的办公室前静坐，一二百个人静坐，我和我老伴都去了。晚上 10 点多钟，横滨的留学生也过来支援。后来，日本派了警察，四个警察把我们从后边抬到门外去，抬走了二三十个人，剩下的都是女孩子不好看，我们就主动走了。这个情况报纸都拍照片、录音，第二天都报道了。

◇ 那是 1953 年 6 月 5 日的抗议、静坐。

◆ 当时媒体报道以后，日本人民都同情华侨，认为日本政府太不像话了：日侨回国人家做到仁至义尽，现在人家回去就这样不管了。所以，日本国会在野党紧急动员、研究，日本政府邀请东京华侨总会副会长陈焜旺（1922— ）去提供证词。他在证词中说，这些华侨、留学生回国不是政治问题，是生活问题、人道主义的问题。而且那时候中国政府也很强硬，不解决这个问题就禁止日本方面来船。日本政府没有办法，就拜托台湾当局、韩国还是保证安全。这样，1953 年日本走了 3178 个人，还有之后、之前，总共有 4000 人，占当时在日本的中国人的百分之一。日本回来 4 万多人，日本的华侨回来 4 千多人，这样形成了人员大交流，为日后的中日交流打下了基础。中国红十字总会代表团去了以后，中日关系有了新的突破，形成了两国民间互访的高潮。红十字总会是 1954 年 10 月去的，1955 年 3 月中华总工会去了；1955 年 4 月中国国际贸易促进会贸易代表团也去了；还有 10 月中国商品展览会在东京、大阪举行了；12 月郭沫若带领的学术考察代表团去了；1956年5月梅兰芳带领的京剧团去，那太轰动了，好多香港人包机跑到东京去看戏，还有台湾当局官员禁止华侨去看，但他们偷偷去看；还有1956年4月乒乓球队也去了。这样，民间、贸易、体育、文化，都有了。日本也是这样。朝鲜战争停战后，1954年中国国庆节邀请日本100多个人，1956年1243人，一直到1965年达3800多个人。1965年8月，共青团中央以青年联合会名义邀请日本青年学生500多人到北京来，在人民大会堂，毛泽东、刘少奇、周恩来、邓小平、彭真、郭沫若、廖承志都出席了。1965年10月，日本商品展览会在北京开幕，第一次在新中国升起日本国旗，那时候老百姓意见很大，做了很多工作。

◇ 那是1965年秋天。

◆ 这时候毛主席很不简单，请日本代表团团长代他向日本天皇陛下、首相阁下问好。

◇ 当时毛泽东对和日本的关系很热心。

◆ 对。重点是周恩来。1952年任命廖承志全盘负责对日工作。廖承志是在日本长大的，毛泽东和他开过玩笑，说你是半个日本人。

◇ 李德全到日本的时候，您主要是保镖？

◆ 李德全去的时候，慢慢形成了三套保卫班子。第一套是日本警察，那是表面上的，真正的公开干扰他们出面；第二套是日本共产党，属于真正负责安全问题的，在旅馆门口站岗；第三套是我们华侨、留学生，还当翻译、跑腿、保镖，都干。

上编　李德全在日本外交首"秀"

◇　李德全访问期间，你们的保镖工作从头到尾都做吗？

◆　从头到尾跟着走。廖承志那时是政务院华侨事务委员会副主任，在当时访日期间，媒体采访李德全比较多，他有精力有时间专门做华侨的工作。他在东京、神户都跟华侨讲我们的政策：要和日本人友好相处，不干涉内政。如果条件不允许，五星红旗不一定挂在门口，挂在心中就行了。还专门做学生工作，给同学们讲，你们第一是学习，第二是学习，第三是再学习，学习好，将来为祖国做贡献。也是在这时候，告诉我们要解散日本共产党中国支部，以后参加活动不再打五星红旗和举毛主席像。

◇　当时李德全到日本，好像媒体和老百姓对她这个女性形象特别看重，觉得非常意外。

◆　对。因为很温柔，她又是基督教徒，所以很亲切，她的形象留给日本人的印象非常好。

◇　当时这也可能与日本女性的地位还比较低有关系。新中国女政府官员影响也比较大。

◆　当时国民党宣传共产党"青面獠牙"，而李德全的形象起了很好的作用。而且她原来是冯玉祥的夫人，和国民党有关系，也不是中国共产党党员。

◇　你们对李德全是基督教徒有什么看法？

◆　没有。中国共产党非常明确，信教自由。李德全的基督教徒身份反而起到了好的作用。

下 编

李德全和冯玉祥

一 新中国卫生、慈善事业掌门人

1. 首任妇女部长之一

1949年10月1日,在中华大地上诞生了新的国家政权。毛泽东在北京天安门城楼上向世界庄严宣告:"中华人民共和国中央人民政府今天正式成立了。"

当年10月19日,中国中央人民政府委员会第三次会议议决政府首次成立的各部门,在同时宣布任命的各部部长名单中,有两位女性的名字分外引人注目。她们的年龄相差无几,一位是卫生部部长李德全(1896—1972),还有一位是司法部部长史良(1900—1985)。

新中国的政权体制是以中国共产党为核心多党合作。史良是现代中国著名法学家和社会活动家,曾是1936年因参加与领导抗日救亡运动被国民党政府逮捕,后引发全国抗议终获释放的著名七名民主人士,即所谓"七君子"中唯一的女性。

下编　李德全和冯玉祥

她以中国民主同盟领导人的身份出任新中国首任司法部部长。李德全则是在 1948 年 1 月当选中国国民党革命委员会中央执行委员，9 月作为中国国民党革命委员会领导成员之一，参加中国人民政治协商会议第一届全体会议，并被选为政协全国常务委员。她首次执掌新中国政府卫生部也属众望所归。

史良 　　　　　　　　李德全

　　新中国中央政府领导人中女性占有一定的比例，堪称中国自古至今政治体制上的新创举，也成为后来中国各级政权制度与结构的一个惯例。这主要是因为，以马克思主义为政治宗旨的中国共产党，自建党和开展中国革命运动开始，便将号召妇女投身自我解放的群众斗争，争取女性合理、合法权利作为重要的指导思想之一。不仅在近现代中国革命运动各个阶段，都有从贫苦妇女到知识女性等相当数量的各阶层妇女，形成过反

抗政权、族权、神权、夫权"四座大山"压迫的巨大力量，而且在后来投身人民政权的建设进程中，也出现过不少著名的女英雄、女干部、女模范。毛泽东有"妇女能顶半边天"的名言，在中国家喻户晓，既被视为对妇女历史功绩的赞扬，也是启发女性自我解放的响亮口号。据统计，在1964年12月至1983年6月间第三、第四、第五届全国人民代表大会代表当中，女性总数分别达到了17.8%、22.6%和21.2%，而女性在全国人大常委会的比例也高达17.4%、25.1%与21%。另外，1969—1977年中国共产党第九、第十和第十一次全国代表大会选出的中共中央委员中，女性比例达到7.6%、10.3%与7.0%，候补委员中的女性比例则为9.2%、16.9%和18.2%。这些数字比例都证明，近现代中国妇女争取政治解放和社会、经济平等地位的热情高涨，中国也是优秀女性领导人出类拔萃的适宜环境与土壤。像宋庆龄（1893—1981）担任过中华人民共和国副主席，后来，还有过中央政府女副总理吴桂贤（1938—　）、陈慕华（1921—2011）、吴仪（1938—　）等。李德全当时出任新中国首任部长，或许令国外感到惊异，但在中国人眼里并不稀奇。

1949年11月1日，中华人民共和国卫生部正式成立。11月21日，李德全在北京后海原清朝摄政王府旧址，领导卫生部全面展开工作。这标志着中国大陆医疗、保健等卫生事业的全新开端，也圆了李德全多年的个人梦想。李德全的姐姐当年患阑尾炎做手术，医生疏忽将剪刀留在肚子里，因第二次手术失败而早亡。此事令李德全终生难忘，她从北京贝满女子中学高中毕业时，朝思暮想的愿望是报考大学医学专业，将来成为一名医生，能够为那些因生病或生育受苦受难甚至失去生命的人们服务。无奈当时家中穷困，只有贷款才能上大学，而报考医学专业学费昂贵，便不得已报考了费用较低的华北协和女子大学普通科。后来到抗日战争时期，李德全在重庆还跟朋友们感慨过，当初因经济困难没能学医是终生的遗憾。她曾要求自己和妹妹的两个女儿都学医，还想自办医院，不再让庸医害人。新中国成立后，她终于实现了为中国卫生事业做贡献的宿愿，庆幸自己能够和千万医务人员共同工作。自1949年到1965年，李德全担任卫生部部长16年，为改造和提高中国医疗保健事业水平奠定了法律、制度、物资设备、人才培养等多方面的良好基础，为民众健康尽心竭力，为中国人真正甩掉"东亚病夫"的帽子做出了杰出的贡献。

首先，李德全主持卫生部协同政务院，发布了新中国一系列卫生工作的指示和条例，如《关于严禁鸦片烟毒的通令》、《关于禁止妇女缠足的通令》等。1950年年初，卫生部发布《关于1950年医改工作指示》，对新中国卫生机关的恢复与建立、组织编制、卫生人员管理等工作做了具体部署，从此，新中国各级卫生组织和医院逐步建立起来。在此基础上，卫生部又连续发布《关于成药管理暂行条例（草案）》、《关于血吸虫病防治工作的指示》和《关于预防霍乱的指示》等，使中国卫生工作逐渐走上面向民众、以预防为主的轨道。

1950年6月14日至23日，全国政协第一届第二次会议举行。这是新中国成立后，政治协商会议代行人民代表大会职能召开的首次大会。在这次会议上，李德全分别提交了《为建议设立县以下基层卫生组织机构，以加强防疫医疗而利生产事业案》（第12号提案）和《请全国各党派各群众团体，协助发展群众卫生运动，以减少人民疾病及死亡率，而保证生产建议案》（第 13 号提案）。在新中国成立初期百废待兴、卫生与健康条件十分艰苦的情况下，李德全认为以下两项工作应当首当其冲：一是整顿卫生工作队伍，建立健全农村、工矿和城市基层卫生组织；二是集中力量预防那些危害人民健康的流行性疾病和严重威胁母婴生命的疾病。接着，8 月 7 日至 19 日，李德全主持的第一届全国卫生会议隆重召开，毛泽东主席为大会题词："团结新老中西各部分医药卫生人员，组成巩固的统一战线，为开展伟大的人民卫生工作而奋斗。"

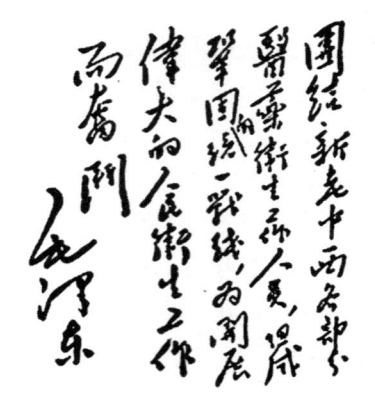

毛泽东题词

自 1953 年 3 月起，李德全领导卫生部成立了"中央防疫总队"的机构，下设六个大队。经过短期政治学习与技术培训以后，防疫人员被派往全国疫病重灾区，目的是尽快消灭与控制疫病，保障人民健康，减少经济损失。这些医务工作者付出了辛勤劳动，成绩斐然。到 1951 年 10 月，全国新成立了 8 个黑热病防治所、18 个寄生虫病防治所。全国 85% 的县建立了卫生院，共计 1865 所，并以民办公助的方式建立了 1498 个区卫生所。在少数民族地区如青海、内蒙古、新疆三地，也有了卫生院 92 所、医院 24 所。在李德全这个提案的推动下，全国基层卫生组织机构初具规模。

随着全国大规模爱国卫生运动的推广与展开，城乡卫生环境较前有了显著改善。卫生部重点推广与落实疏通沟渠、兴修上下水道、改建厕所、清除垃圾粪便、确保人畜饮水安全等措施。经过几年的努力，像北京"龙须沟"、天津"万德庄"、南京"五老村"等终年臭气熏天的恶劣环境，被改造成了崭新、干净的住宅区。这些卫生成就激发作家老舍（1899—1966）创作出了话剧《龙须沟》，此剧后来还拍成电影，在国内外引起过相当大的反响。

在"防治疾病，逐步提高人民健康水平"工作方针的指导下，新中国的流行病防疫工作同样成果显著。1956 年，自 1820 年由海外传入中国并历年流行的霍乱病未再发生，还在几个重点地区消灭了鼠疫，天花除在少数边疆地区个别发生外已近绝迹，危害长江两岸以及江南十多个省市人民健康的血吸虫病基本得到了控制。例如，毛泽东对防治血吸虫病非常重视，根据卫生部的报告与请示，1955 年召开华东、中南地区省委书记会议，确定了"一定要消灭血吸虫病"的目标和措施。经过卫生部与各级政府密切合作、共同努力，到 1958 年 6 月 30 日，《人民日报》刊出《第一面红旗——记江西余江县

剧照《龙须沟》

根本消灭血吸虫病的经过》的报道,标志着这一中国历史上顽疾的防治工作进展巨大。毛泽东"读六月三十日人民日报,余江县消灭血吸虫。浮想联翩,夜不能寐。微风拂煦,旭日临窗。遥望南天,欣然命笔",写出了两首旧体诗《七律二首·送瘟神》,赞颂这一新中国医疗史上的空前伟绩,其中的名句"春风杨柳万千条,六亿神州尽舜尧"传诵一时。

另外,还有一个反映李德全及其领导的卫生部合作精神与工作效率的典型事例,就是1960年抢救61名食物中毒农工的事件。那年春节刚过,山西省平陆县的修路民工集体食物中毒,生命危在旦夕,急需大量特种药品。当时,县、省等地都无对症药物，不得已向北京报告了此消息。2月3日，李德全得悉求援电话后，深夜起来召集会议，紧急动员卫生部和供药部门，并联络民航局、人民空军等各方力量，敦促北京一特效药品商店尽快准备药品，人民空军动用军用直升机，及时将药品空投到事发地点，保证了民工的生命安全。这一事件后来被命名为"为了六十一个阶级兄弟"，不但报刊进行了报道，还拍成了纪录片。事件的全过程洋溢着干部与民众之间真诚、质朴的感情，生动感人。李德全等领导干部体现的急民众之所急，想民众之所想，与民众同呼吸共命运的作风，反映了那个时代中国政府官员的工作作风，其精神与作风影响了中国几代人。

在李德全担任卫生部部长期间，中国政府机关已经实行机关党组领导下的首长责任制。"机关党组"是中央各机关里由党员领导人构成的核心小组，其根据党中央指示精神、团结党外干部并指导机关运作。李德全在1958年12月申请并被批准加入中国共产党前，属于卫生部的党外领导干部，但她与党组配合默契、工作顺利。据卫生部领导人回忆："她当的是实职的部长，既不是有职无权的挂名部长，也不是与党争权的特殊人物。她很尊重党组，党组也尊重她。她有不同意见也敢提。她对自己要求很严格，不搞特殊化，一贯艰苦朴素。她是很难得的领导人。"（叶晓楠：《李德全发起改造"龙须沟"》，《人民日报》（海外版）2011年5月11日）

2. 重建红十字总会

李德全除担任卫生部部长外，还兼任过新中国中央机关和群众团体多项领导职务。如1949年3月出席第一次全国妇女代表大会，被选为全国妇女联合会副主席；1949年9月参加中国人民政治协商会议，被选为政协全国常务委员；还担任过中苏友好协会总会副会长、国务院文化教育委员会委员、中华全国体育运动委员会副主席、中国人民保卫儿童全国委员会副主席、中国世界和平理事会理事长、中华医学会主席、全国总工会筹备委员会副主席、全国政协副主席等职务。其中，与卫生领导工作关系最为密切并在国内外影响较大的，是她曾兼任中国红十字总会会长一职。

目前大家一致公认，中国红十字总会肇始于1904年日俄战争期间，前身是由慈善家沈敦和（1855—1920）在1904年3月10日倡导成立，后奔赴东北救助难民和侨民的"万国红十字会上海支会"。清朝政府任命的首任会长为吕海寰（1842—1927）。清朝政府曾指派驻英国使臣前往瑞士，于1904年6月29日按照1864年订立的《日内瓦红十字会公约》登记备案，中国从此加盟国际红十字会成为会员国。1907年，清政府将"万国红十字会上海支会"更名为"大清红十字会"，1912年中华民国成立后又改称"中国红十字会"并获得红十字国际委员会正式承认。1919年，中国加入红十字会与红新月会国际联合会（原名红十字会协会）。1933年，再改名为"中华民国红十字会"，先后隶属内政部、军委会和行政院。1949年中华人民共和国成立之际，"中华民国红十字会"部分机关和人员迁往台湾，各地红十字组织纷纷解体。原红十字会总会秘书长胡兰生（1890—1961）等人在1950年组团到达北京，要求新中国政府接管该组织。后新中国政府研究决定：鉴于红十字会的特殊性质及历史状况，采取改组而并非接管的方式，将旧中国红十字会改组为新中国红十字总会，总会办公地点迁至北京。1950年8月2日，中国红十字总会协商改组会议（即新中国红十字总会第一次全国代表大会）召开。会议决定成立新的理事会，正式定名为"中国红十字总会"，确认其为"中央人民政府领导下的人民卫生救护团体"。会议选举李德全为中国红十字总会首任会长，修改了红十字总会章程，以上决议后获中央人民政府批准。

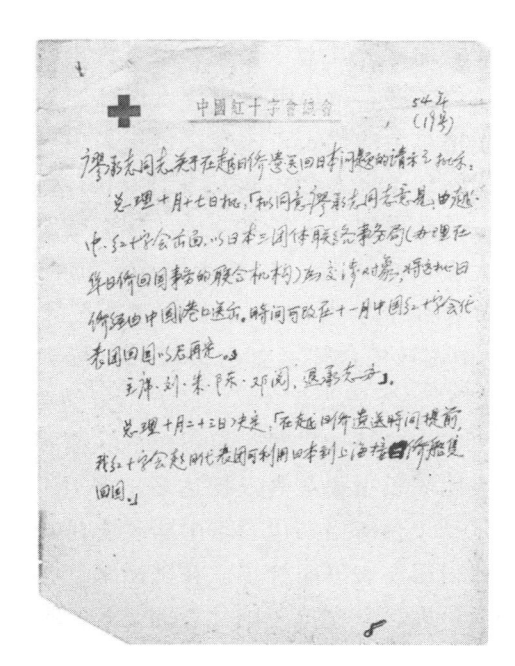

中国红十字总会档案

中国红十字总会建立后，根据国际红十字会仍然承认上海的中国红十字总会，以及各国可自由委派、选举或指定其在国际红十字会代表的规则，中国要求国际红十字会保留中国红十字总会及其代表的职位以待另提人选，并于改组后的1950年10月，由李德全会长率团出席了国际红十字会第21届理事会。1952年6月，当中国准备组团出席在加拿大举行的第18届国际红十字大会时，得知大会受美国影响拟邀请台湾当局派代表出席。1952年6月28日，中国红十字总会会长李德全致电加拿大红十字会中央理事会主席并转国际红十字常设委员会主席，指出唯有中华人民共和国中央人民政府和中国红十字总会的代表，才有资格代表中国和中国红十字总会出席国际红十字大会。7月10日，国际红十字常设委员会复电，在承认中国红十字总会是"按有选举权之正式成员被邀参加大会的中国唯一的红十字会"的同时，称台湾"因其实际尚有红十字活动，故被邀以观察员身份列席大会"。为此，中国政府决定：如台湾当局以红十字会名义而不以"中华民国"名义出席会议，我方可表示遗憾但予以容许，首次提出了海峡两岸在国际组织中的关系模式。中国红十字总会代表团团长李德全等人抵达多伦多后，鉴于大会常设委员会决定给予台湾当局代表与中国政府代表"平等"的地位，中国代表团发表书面抗议。在随后两天的大会上，苏联等国代表纷纷发言，支持中国代表的动议，要求大会立即驱逐台湾当局代表。由于中国等主持正义的国家据理力争，大会再次承认中华人民共和国政府和中国红十字总会为唯一代表中国的全国性政府与红十字组织，并选举中国为国际红十字会执行委员会委员，台湾当局代表不得不退出大会。自此，中国红十字总会作为国际红十字组织正式成员，开始参与国际红十字会及红十字与红新月协会各种重要活动，积极开展友好合作，推动了国际红十字运动的发展。

在新中国成立初期，中国红十字总会作为人道救援与救助的骨干机构，主要的工作与功绩，一是全力投入救助朝鲜难民和医治朝鲜战场伤病员的工作；二是在抗日战争结束后，千方百计地促成日本侨民与战俘尽快平安回国。

1950年6月25日朝鲜战争爆发，10月8日中国人民志愿军奔赴朝鲜战场。1951年1月22日，中国红十字总会发出《为组织救助朝鲜难民医疗队给各地分会的通知》，要求各地分会积极投入"募集慰劳品和救济品运动"，同时将"组织医疗队救济朝鲜难民的工作，列入本年度2—3月的中心任务"。这一号召一经发出，很快得到各地民众特别是医疗工作者的热烈响应，捐赠物品和报名参加医疗队都非常踊跃。自2月26日起，中国红十字总会对在北京集中改编的各地医疗队队员进行了短期补充教育，内容包括政治学习和业务学习两方面，其中业务学习以防疫和救护为中心，以战伤急救为重点。学习结束后，总会挑选出224人整编为两个国际医防服务大队，第一大队担任一般医疗及防疫工作；第二大队担任专业手术。3月10日下午，中国政府在北京饭店为志愿援朝的中国红十字总会国际医防服务队举行盛大的欢送会。17日医防服务队携带大批药品和医疗器械出发，19日抵达朝鲜并立即投入救助工作。另外，为争取朝鲜战争早日胜利，中国红十字总会又在1951年6月12日通知各地分会，号召开展捐献"救护机"活动,即捐献飞机、大炮,支援中国人民志愿军。各地民众纷纷捐献出大量钱款、首饰和银圆等,还出现过豫剧的常香玉剧团独自购买、捐献战斗机的动人事迹。

1952年,李德全代表中国红十字总会,率领全国各界人士组织的"美帝国主义细菌战争罪行调查团"以及由各国权威人士组成的"国际科学委员会",于3月20日奔赴朝鲜,对美军使用"细菌战"的罪行进行了实地调查。调查团以大量事实揭露了美国政府以细菌武器屠杀中、朝军民的罪行,引发了全世界的义愤与谴责。

朝鲜停战协议签订后不久,李德全和中国红十字总会又转向协助日本侨民和遣返日本战俘回国的工作,最终获得了圆满的结局。

早在1950年10月,李德全出席在摩纳哥召开的国际红十字协会第21届理事会时,曾按中国政府领导人的指示精神,主动同日本赤十字社社长岛津忠承(1903—1990)接触,表示中国方面愿意协助日本了解并处理在华日本人归国一事。1951年3月,红十字国际委员会主席保罗·吕格访问北京时,也与中国政府探讨过该问题。在1952年召开的第18届国际红十字大会上,日本红十字代表团推动大会通过了"要求各国红十字会劝告政府对第二次世界大战造成的未归国人员提供释放、调查、慰问的便利"的决议。根据这一决议,日本正式请求中国红十字总会帮助解决在华日本人归国和调查事宜。为合理解决中日间的这一战争遗留问题,推动两国关系的发展,中国政府在1952年7月批准了协助日本侨民归国的计划,成立了由中国红十字总会等相关部门组成的中央日侨委员会。9月，又发布了《中共中央关于处理在华日侨问题的决定》、《政务院关于处理日侨问题的规定》等文件。1952年12月1日，中国政府以《就"关于在中国的日本侨民的各项问题"中央人民政府有关方面答新华社记者》的形式发表公开声明，宣布了中国政府保护守法日侨并协助愿意回国的日侨归国的一贯立场，表示欢迎日本相应机构来华同中国红十字总会具体协商此事。

中国的善意得到了日本民众和团体的热烈反响，日本政府也表示将"积极采取措施使侨民归国"。经多方联系，中国红十字总会决定请日本赤十字社、日本和平联络委员会和日中友好协会三团体共同来北京与中国红十字总会商讨解决此问题的具体办法。1953年1月，日本政府委托三团体到中国开始商谈日侨归国事宜。这是第二次世界大战后日本人首次凭日本政府签发的公务护照来华，打开了中日交往的大门。后经双方商定，自1953年3月至10月，中国红十字总会共协助七批日侨回国，人数约达2.6万名。到1958年7月，已分21批次送回了约3.5万名日侨。每当日侨归国时，中国红十字总会都要"召开联欢会、赠送纪念品，就像送自己的同志调到新单位工作那样热烈、周到。廖承志等还亲自到港口送行。许多归国日侨热泪盈眶，依依不舍"（王俊彦：《开国外交》，时事出版社1999年版，第447页）。

李德全领导的中国红十字总会根据中国政府的部署如此积极热情地工作，成功、妥善地解决了日本侵华战争中遗留在中国人员的回国难题。为感谢中国政府与人民的友好情谊，才有日本赤十字社郑重邀请李德全率领中国红十字总会访问日本的

日本侨民等待上船

动议。虽然为兑现这一邀请经过了20个月的波折,但李德全一行毕竟最终实现了东渡的愿望,并且和日本朝野人士广泛接触,推动了日中关系正常化的进程。正如李德全后来在《中国红十字总会代表团访问日本报告》中所说:"通过这次访问,我们感到要求加强中日间文化交流和经济往来确实是中日人民的共同愿望,同时也是目前的实际需要。日本的经济界、文化界以及整个社会舆论都在要求加强中日往来,特别是发展贸易关系。日本朋友们热烈希望中国红十字总会代表团的这次访问日本，能够成为今后加强两国之间往来的良好开端。"

3. 终生献身公益

李德全成为新中国卫生、红十字总会等社会事业的开创者中著名女性代表，并非偶然，这是她自青年时代起热心公益活动，先后投身公众福利、教育、慈善等工作的人生道路的延续与升华，是新社会对她长期不懈的努力及工作业绩的肯定。

李德全步入社会公益事业，应从她1921年担任北京基督教女青年会（Young Women's Christian Association，YWCA）学生部干事说起。那是她按考入华北协和女子大学时的约定，在大学毕业后回母校贝满中学教授数学和西洋史两年期满后的新工作。基督教女青年会是一个依照基督教精神，团结妇女并为妇女服务的组织。该会最早起源于1885年的英国，1894年各国基督教女青年会在伦敦开会，成立世界基督教女青年会。中国首个基督教女青年会于1890年在杭州创立，北京基督教女青年会则成立于1916年。到1923年，全国已有12个市会和80余个校会，联合成立了中华基督教女青年会全国协会，其宗旨是："本基督之精神，促进妇女德智体群四育之发展，俾有高尚健全之人格、团契之精神，服务社会，造福人群。"这个妇女团体面向各阶层妇女，经费主要来自董事会成员及其他渠道的捐赠。专职工作人员"干事"中三分之一以上为女基督徒，受聘者大都是罕见的女大学毕业生，在当时的妇女中文化水平与社会活动能力都是出类拔萃的。李德全能够被聘为该会干事，是因为她在大学读书和中学教书期间已因成绩优异、性格开朗、积极投身社会而崭露头角。她当时特别受时任北京华威银行经理、基督徒宋发祥（1893—?）的青睐，而宋的夫人陈恩典当时正担任北京基督教女青年会会长。宋发祥还是同样信仰基督教的驻北京将领冯玉祥的朋友，后来正是他作为介绍人成全了李德全与冯玉祥的姻缘。

李德全在北京基督教女青年会期间，主要负责会员的组织联络工作。1922年，她应东北女学生的邀请，担任女学生夏令营的总干事。这意味着要冒当时直系和奉系军阀混战、兵荒马乱的危险，乘火车赶去奉天（今沈阳）参加夏令营活动。当她登上由北京至天津的列车时，发现全车厢竟只有自己一个女人，其余都是大兵和男性。李德全并没有畏惧，在混乱的人群中镇定自若。等到了天津再买去山海关的车票时，又被告知因人多车少，每一站的乘客只能十人买一张票。李德全在这种情况下，大胆地去站长室说明了自己的情况，加上一个外国站长助手替她说情，终于把车票买到了手。而等傍晚到达山海关时，因战乱根本住不上旅馆，幸好她在那里遇到一位老年女基督教友，被邀请到她的家里过夜。第二天凌晨继续乘火车北上，中午准时到达了奉天。同事们见李德全克服诸多阻碍如约到达都很钦佩，她也豪爽地笑道："我答应了，我就会来！"

1924年年初，李德全嫁给已经丧妻两年的著名将领冯玉祥后，伴随冯将军一家人南征北战，出生入死。由于冯玉祥与蒋介石以及其他军阀的关系分分合合，她也因此经历了前所未有的颠沛流离的磨难。然而，每当与冯将军在一处稍微安顿下来长住，李德全总不忘自青年时代便热心与投身的社会公益事业，因地制宜尽力筹办教育、保育或卫生等设施。1925年，李德全和丈夫商量，在北平创办了求知中学并附设小学和幼儿园，招收贫家子弟免费读书。1930年冯玉祥的军队被蒋介石分化、拉拢与收买之后，李德全陪丈夫在山西省的一个山村生活时，也曾自办小学，专收附近贫苦农民的子弟共70多名学生读书，特意请了2位教师执教。李德全不仅管理学校，还亲自给学生们上课。1933年5月，当冯玉祥在蒋介石逼迫下辞去察哈尔民众抗日同盟军总司令一职后，又携带全家第二次到山东省泰山隐居两年多。在这段时间里，全家生活非常俭朴，但李德全跟随冯玉祥，除和当地农民一样种地，还坚持读书学习。当时她变卖了结婚时的全部首饰等家当，先后捐资在泰山脚下共建了15所小学。在住处附近创办的"大众小学"，专收农村贫苦子弟入学，还建立了小学生勤工俭学的手工场。

1935年11月，冯玉祥出任当时国民政府军事委员会副委员长，拉家带口来到了首都南京，李德全的社会活动范围更加广泛，特别是与知识女性的交往多了起来，她旺盛的精力以及善于发动、组织妇女的能力有了更全面的展示。李德全不满中国妇女"围着锅台转"的愚昧传统，不仅多次讲演鼓动当地妇女走出家门，迈向社会，而且带头发起成立了"首都女子学术研究会"，通过文化学术活动发动、团结广大妇女投入抗日救亡运动。研究会开展的活动有学术讲座、研究妇女问题、社会调查等。1936年年底，李德全又联合著名妇女活动家，成立了"中国妇女爱国同盟会"，她被推选为该会筹备委员。这个组织影响最大的活动是募捐财物支援抗战。1936年11月20日至12月24日，其共出动50个募捐队，成员300余人，募集款项1300余元，还举办过义卖捐款大会，参加人数达10万人次。所得款项用来购买材料，赶制出大量丝棉背心和5000条印有"收复失地，为国雪耻"字样的毛巾，送往抗日前线。到1937年年初，中国妇女爱国同盟会共募到钱款1.6万元、1500件皮大衣和其他慰问品。抗战全面爆发后，李德全还参加了宋庆龄组织的中国妇女慰劳自卫抗战将士总会，她担任执行委员，亲自带领妇女慰劳队，穿上工作服到车站慰劳和救护伤兵员，为他们包扎伤口和做饭，帮助他们写家信，给他们发放慰问品。就在1937年8月，中国共产党驻南京代表周恩来（1898—1976）和夫人邓颖超（1904—1992）曾专程拜访冯玉祥和李德全夫妇，对李德全的热心、朴素、干练风格留下了深刻印象。这是李德全与中国共产党特别是妇女领袖接触与友谊的开始。

李德全和邓颖超在重庆。前排左1为李德全，左2为邓颖超

下编　李德全和冯玉祥

1937年12月13日南京被日本军队占领后，李德全和冯玉祥跟随国民政府撤退到武汉，武汉一时间成为中国的政治中心。当时，在武汉的邓颖超看到街头众多流浪儿童无家可归、受冻挨饿，产生了成立一个战时救助难童的机构的想法，便请有丰富社会公益活动经验的李德全合作此事。1938年年初，邓颖超、李德全等人在武汉基督教女青年会成立了中国战时儿童保育会筹备会，李德全等九人被推选为筹备委员。后来，邓颖超又建议李德全去找蒋介石夫人宋美龄（1897—2003），希望她出席战时儿童保育会成立大会，并将保育会作为由宋美龄任会长的中国妇女慰劳自卫将士总会的直属机构开展活动，宋美龄同意了这一建议。由于"第一夫人"出面，国民政府社会部很快批准了战时儿童保育会为合法组织。在该会成立大会上，宋美龄被选为理事长，李德全为副理事长，邓颖超为常务理事。这是第二次国共合作开始后最早成立的抗日民族统一战线团体。

李德全作为战时儿童保育会直接领导儿童保育工作的该会经济委员会主任，在八年抗战期间因业绩卓著广受赞誉，成为全国慈善、妇女界的知名人士。她一方面尽快着手推动各地成立战时儿童保育分会，扩大组织与发动民众；另一方面想方设法募集资金和物资。她带头认捐了511名难童的生活费，带动宋美龄和蒋介石夫妇也各认捐了200名难童的生活费，其他女性名流也随之纷纷踊跃捐款。当时救助难童的方式有：战时儿童保育会分批委派人员去各战区抢救儿童，然后设法尽快安全地将难童集中运送到武汉，先在汉口第一临时保育院收拢，再分批转送到后方各地保育院。1938年5月，武汉的临时保育院集中了一大批难童，亟须转送到四川。李德全不顾自家住处遭受敌机轰炸的危险，组织人力与大家带领难童撤离武汉，经湖北宜昌、四川万县、巫山等地转运站，最终将孩子们送到了重庆。在武汉被日军占领之前，汉口临时保育院共送出28批约1.5万名难童。1938年10月，战时儿童保育总会撤离汉口，途经湖南、贵州，于11月到达重庆。在重庆曾家岩求精中学（现重庆第六中学）设立总会办事机构，直到1946年6月才停止活动。

在抗战八年中，战时儿童保育会先后在全国各地建立过20多个分会以及35所儿童保育院，收容、保育儿童累计约13万人。这些孩子不仅因此得以躲过战火，保全了性命，而且还在保育院受到不同程度的文化教育，既懂得了分清敌我与善恶，增长了争取民族自由的勇气，又学得了一些知识与技能。保育院将难童按"抗战到底，争取最后胜利"10个字，根据他们的年龄和文化程度分成10支队伍，分头进行教学。除讲授一般知识，还从当时报刊上选印文章作为补充读物，提高难童们的社会认识能力，激发他们的进取与爱国精神。正如周恩来后来称赞的："李德全女士，对于抢救难童、保育工作，均有极大的贡献。"李德全的社会热情和工作能力给中国共产党和全体国民留下了不可磨灭的印象，赢得了全国性荣誉。她能够在新中国成立后被委任为卫生事业和慈善事业的领导人，应该是实至名归。

李德全和战时儿童保育会成员。第 2 排右 4 为李德全

二 冯、李姻缘一线牵

1. 冯、李婚姻佳话

与在北京基督教女青年会工作时相比，李德全后来在教育、保育、慈善等社会公益领域功绩更为卓著，成为现代中国妇女界的佼佼者，受到国内外瞩目。有人说她是借了冯玉祥的"势"，沾了丈夫的"光"。尽管这种说法并非空穴来风，但也不完全符合实际，而且对李德全不够公允。

确实，同中华民国时期其他各路军阀相比，冯玉祥一生浓厚的平民色彩既相当独特又出类拔萃。他出身于贫苦家庭，从一介大兵做起，自清朝至民国时代几十年间，靠自己的勇猛善战和勤奋好学，逐步晋升为高级军事将领，却始终没有淡忘甚至十分珍视朴素与刻苦的传统本色。这是冯玉祥在结发妻子病故后，能够拒绝各种垂涎自己的权势，争先恐后介绍所谓"门当户对"的富家女子提亲人，最终选定李德全为终身伴侣的主要原因。冯玉祥看重李德全的劳苦出身，而且喜欢她的吃苦耐劳、泼辣干练，毫无当时女性普遍存在的娇骄二气。也因为得到冯玉祥的理解与支持，李德全才能够婚后在除操持家务、管教众多子女之外，始终不渝地关注中国社会问题，大胆涉足种种社会公益事业并业绩突出。不过，如果对比冯玉祥结发妻子刘德贞，虽也是出身平民家庭，生性贤良、勤俭，但生前主要是辅佐丈夫、生儿育女，当好"贤内助"的角色，便不难明白，也不得不承认，李德全确有比刘德贞大胆挣脱家庭的狭隘天地，不甘心享受当时不少女性神往的"官太太"生活的高雅志趣与活力。她不满足"贤妻良母"或优裕的物质追求，热心迈出家门，与丈夫志同道合地为平民的利益奋斗和奔波，与冯玉祥二人堪称"有情人终成眷属"，是中国当时少见的一对真正情投意合的夫妻。

　　冯玉祥结发妻子去世时，他正在北京担任陆军检阅使，来做媒的人中有代表位高权重的陆军大元帅、直系军阀曹锟（1862—1838），直接为其"掌上明珠"的爱女提亲。而冯玉祥却不愿攀龙附凤，以择婚三个条件的"软钉子"顶了回去：一是不能穿戴绫罗绸缎，只能穿粗布衣裳；二须纺线织布；三要精心抚育前房子女。这门告吹的亲事，曾使冯氏在军队和军阀中传为美谈。此时，李德全堂妹李淑诚的丈夫唐悦良（1880—？）是冯玉祥的基督教友，曾在冯玉祥面前试探提起李德全，询问他是否有意结识。其实，1923年时任京卫军第一团团长的冯玉祥，在参加北京基督教女青年会的聚会上，已听过李德全发表演说。她的生动悦耳、极具魅力的演说，特别是那直率天真的神情和气质，给冯玉祥留下了极深刻的印象。听唐提起她时，冯立即表示同意，并希望唐悦良夫妇做"红娘"促成此事。当李淑诚找到李德全介绍冯玉祥时，曾说："姐姐，我想给你介绍个大兵，你怕不怕？"李德全爽朗答道："大兵又不是三头六臂，怕什么！"李德全对冯玉祥多年的戎马生涯和诸多救国救民的壮举也并不陌生，尤其听说了冯玉祥提的择亲三条件，深为钦佩，觉得彼此志趣相投，禁不住脸红耳热起来。接着，由冯玉祥和李德全都熟悉的基督教友、北京华威银行经理宋发祥作为介绍人，在1924年1月31日与冯玉祥具体商量婚事。宋向冯详细介绍了李德全的家世、人品、性格与知识等状况，冯玉祥也对李德全进一步了解并同意此婚事。2月9日，冯玉祥由众多亲友随从，到北京东城史家胡同宋发祥住宅，与同样由亲友陪伴的李德全见面并交换婚约，两人正式订婚。接着，他们又多次去宋宅见面，具体商谈婚礼安排与婚后家务等事项，李德全欣然接受了今后抚养冯玉祥前妻留下的五个未成年子女的责任。2月19日下午，李德全被冯玉祥部下迎接到在北京南苑新布置的住房，两人按照中国传统习俗举办了婚礼。随后，又按基督教仪式，在北京亚斯立教堂（Asbury Church）举行婚礼，由牧师刘芳做证婚人。这两场婚礼都既热烈又节俭，在当时奢侈成风的北京城一时传为佳话。

北京亚斯立教堂1

北京亚斯立教堂2

下编　李德全和冯玉祥

李德全与冯玉祥在婚后彼此恩爱，感情日渐深厚。李德全自觉肤色黝黑，又不讲究穿着，算不上多漂亮，有一次她问丈夫："你怎么会喜欢上我？"冯玉祥听后不假思索地答道："我喜欢你天真率直。"接着，冯玉祥又问李德全为什么要嫁给他，李德全则笑着回答："上帝怕你做坏事，派我来监督你。"

婚后，李德全爱抚冯玉祥前妻留下的五个子女，像亲妈一样精心培育，无愧于"良母"的美称。同时，她又协助丈夫治理军队，辗转作战，经常深入官兵中间，嘘寒问暖。有时给军官家属讲家庭教育问题，提倡德、美、体、智四育。还兼顾慰劳部队和家属，关心他们的生老病死和教育等各种事项。比如，婚后李德全便开始讲授了冯军高级教导团的算术、代数课程。有时候，李德全还代表冯玉祥处理和参与军政事务，办理得有条有理。如为迎接孙中山（1866—1925）北上召开国民会议，建立廉洁政府，冯玉祥联合其他将领于1924年10月发动了"北京政变"，击败直系军阀在北方的势力，并把清朝末代皇帝驱逐出故宫。12月底，孙中山在经天津到达北京时，已经因积劳成疾，肝病发作入院治疗。因冯玉祥政治处境困难，李德全曾代表丈夫到北京欢迎孙中山。这一举动惹怒了当时的段祺瑞执政府，他们逼得李德全有家难归，最后只得去母校贝满中学初中部后楼的教师宿舍避难。事后，李德全向母校捐了一个教室的桌椅，以表示对校长临危相助的感激。孙中山在病中回送了冯、李6000册《三民主义》、1000册《建国大纲》与《建国方略》。后来，冯玉祥把这些书发到部队，要求官兵们必读。李德全还曾在教导团中按时给学员们讲读这些孙中山著作，很受官兵们欢迎。

冯玉祥与李德全结婚后的政治、军事道路十分艰难曲折。他为配合国民革命军北伐，曾邀请苏联派军事顾问帮助指导、训练军队。后来受到各反动军阀的排挤，不得已辞职，于1926年春去苏联考察学习。到新中国成立前夕，冯玉祥与蒋介石的矛盾公开激化，又被迫去美国游历以躲避危险。在这两次颠沛游离的出国经历中，李德全始终与丈夫形影相随，同甘共苦，分担着冯玉祥的苦恼与危险，忍受着亲子离散的煎熬，同时也拓展了他们各自的政治视野，磨炼与增长了社会工作的才干。

1926年3月，冯、李动身去苏联之前，因担心只有两岁的小儿子无法承受长途跋涉的颠簸，只得忍痛送给别人寄养。上路后，经过两个月的朝行夜宿，等到达莫斯科后，已经筋疲力尽。不过，他们在苏联各地受到的欢迎，又十分令人鼓舞。在苏联各地的考察学习，更让他们眼界大开，他们看到了革命造福于人类，使社会焕然一新的希望以及民众热火朝天的风貌。在此期间，李德全初步接触与阅读了一些马克思主义理论著作，开始反思以前自己基督教信仰的得失。她感到，上帝可以抚慰受苦民众的苦难心灵，但缺乏革命运动改善他们痛苦处境的实际措施与效果，应该像苏联那样切实探索可以改变广大劳苦大众被欺压命运的革命斗争道路。在1926年8月冯玉祥回国后，李德全陪同三个孩子滞留在苏联。在此期间，她结识了不少在莫斯科中山大学的中国留学生。她还见过列宁的夫人和列宁的妹妹，后者合送她一套26册的《列宁全集》和两支手枪，鼓励她不断学习与战斗。

下编　李德全和冯玉祥

冯玉祥和李德全在苏联

抗日战争胜利后,李德全与冯玉祥回到南京,对蒋介石的集权统治感到非常压抑与苦闷,决定出国一段时间,而蒋也担心冯玉祥在国内找自己的麻烦,便给了冯一个"水利特使"的头衔,打发他去美国考察水利。冯玉祥夫妇决定1946年9月去美国,恰巧1946年10月13日至22日,由美国总统夫人和美国妇女团体共同发起的国际妇女会议将在纽约召开,受邀出席该会的邓颖超因受到国民党政府的阻挠无法成行,便委托李德全代表自己在国际妇女会议上发言。周恩来和邓颖超拜访冯、李时,还建议他们将无法跟随去美国的孩子送回重庆,以免在南京受到伤害。李德全随丈夫到达美国后，不顾有人劝阻，大胆从旧金山去纽约参加了国际妇女会议。在会上，她公开声明"我代表邓颖超"，并在10月22日国际妇女讲坛上发表演说，揭露当时中国妇女的悲惨境遇，批评国民党政府对妇女权益的漠视以及内战的残酷，呼吁美国停止援助国民党政府，从中国撤军。与此同时，她还向大会提交了"联合世界各国妇女为争取民主和平而奋斗"和"反对美国援助蒋介石发动内战"两个提案。李德全在会议期间的一言一行，展示了中国妇女朴实与刚毅的风采，向世界传达了中国妇女反对独裁暴政的呼声，赢得了各国妇女代表的普遍同情和好评，拓宽了中国妇女与世界各国交往与沟通的渠道。

2. 身兼妻、母、师

李德全嫁给冯玉祥时28岁，冯当时已42岁，两人年龄相差14岁。用中国俗话说，这样的搭配有点"老牛吃嫩草"的意味，即所谓"老夫少妻"。不过，在当时的中国，20多岁的女性早过了"少女"的年龄，已算不上"娇嫩"。何况李德全本不是官宦人家的"金枝玉叶"，也没有"饭来张口，衣来伸手"的习气。冯玉祥同样是平民出身，尽管后来身居高位，手握重兵，却很讨厌那些"官太太"的骄奢作风，非常钟情甚至敬重贫苦出身的李德全，相信她有准备也有能力承担起人口众多的全家重任。

李德全与冯玉祥结婚后夫妻恩爱，感情日深，又平等相待，相敬如宾。李德全既是冯玉祥的生活伴侣，也是他的家庭助手，某种程度上又是他的小老师，身兼贤妻、良母、恩师等数任。除尽职尽责配合冯玉祥治家、教子之外，李德全还致力

下编　李德全和冯玉祥

于随军家属的教育，调解冯玉祥与上下级的矛盾，必要时还得鼓励丈夫，与其共渡难关。在后来相依为命的漫长历程中，他们彼此支持与鼓励，心心相印，配合默契。有人说，冯玉祥一生的顽强性格，特别是后半生能够日新月异，与李德全的全力辅佐和深刻影响分不开，这并非言过其实。

李德全成为冯玉祥的妻子，显然不会像陪伴一般平民丈夫那样生活平静与单纯。李德全把照顾冯玉祥的起居饮食和身体健康，看作理所当然的分内之事，她自己做家务很内行，可称轻而易举。关键在于冯玉祥是当时军阀将领中数一数二的风云人物，他有过轰轰烈烈的辉煌事业，也有过挫折、彷徨、苦闷甚至走投无路的时期。无论是顺利还是困难，李德全都不离不弃地陪伴着他。如1929年国民党北伐结束后，冯玉祥与蒋介石公开决裂，而部下也有将领背叛他，使冯在精神上大受刺激，态度消极，不得已通电下野。此时，山西军阀阎锡山（1883—1960）有意拉拢冯玉祥共同反蒋，便请冯玉祥到太原共商出国游历的计划。不料当冯玉祥先到太原时，竟发现阎有意欺骗，将自己软禁在一处山村，便开始以绝食抗议。李德全携孩子们到后，劝冯进食，而阎不再与冯见面，李德全和几个女儿陪着丈夫在软禁地住了半年多。冯玉祥这一时期内心烦恼，情绪很不稳定，有时捶胸顿足，有时仰天长叹。李德全便安慰丈夫，劝他从长远着眼，不必因一时挫折而丧气，夫妻二人一起挺过了那段看似毫无出路的时光。后来，虽然阎终于解除了对一家人的软禁，将他们接到了太原，可几经交涉，最终还要扣押李德全在太原做人质，才肯放冯玉祥回陕西。直到1930年蒋、冯、阎三路军阀大战爆发，李德全母女才回到冯玉祥身边。

冯玉祥性格英武豪爽，也容易感情用事。他对李德全既珍爱又敬重，但在20世纪40年代，据传也出现过几乎令家庭和夫妻关系破裂的婚外情事件。事情缘于一位女性介入了冯玉祥的家庭，引其移情别恋，李德全气愤地提出离婚。而冯玉祥却抱怨她不接受当时习以为常的一夫多妻的现状，加上冯的三女儿在当时苦闷自杀，冯玉祥变得更加烦恼、暴躁，一度要跳江自杀。后来，又发誓出家当和尚，在1942年5月去了重庆附近缙云山的寺庙。后经亲朋好友从中多方劝说与调解，李德全安排将冯的情人移往别处，此次感情纠纷才告一段落。接着，因有人电邀冯玉祥去四川省灌县为夏令营讲话，冯才下山与妻子重归于好。（简又文：《冯玉祥传》，台北文学传记出版社1982年版，第366页）

李德全进入冯玉祥家后，自己还没有生育便成了二儿、三女的母亲。后来，自己也连续生育了二男三女。在这个人口、亲属众多的大家庭里，抚养大小孩子的事主要由李德全操持与安排。冯玉祥共生有以下子女：

长子冯洪国，前妻刘德贞所生。曾留学日本、苏联，抗日战争时期担任团长，后成为中国共产党党员。

次子冯洪志，前妻刘德贞所生。曾留学德国学习机械。

三子冯洪达，李德全所生。曾留学苏联学习海军，新中国成立后担任中国人民解放军海军军官。

长女冯弗能，前妻刘德贞所生。曾留学苏联、英国、德国学纺织。

次女冯弗伐，前妻刘德贞所生。曾留学苏联、德国，在信阳军中工作过。

三女冯弗矜，前妻刘德贞所生。后在重庆自杀。

四女冯弗怠，又名冯理达，李德全所生。曾留学苏联学医。新中国成立后任中国人民解放军海军总医院院长。

冯玉祥和李德全全家福

五女冯颖达，李德全所生。曾留学苏联。

六女冯晓达，李德全所生。与冯玉祥同时在黑海航船上遭火灾遇难。

李德全还与冯玉祥生育了最小的儿子冯小光，在1岁时失踪。

　　李德全作为冯家母亲，不管是对前室还是对己出的子女，都精心培育，言传身教，直到他们一个个成人成才。她一生最看重也是对子女最大的希望，是要求他们既有志气又有本事。只要条件允许，冯、李总是尽量送孩子们多读书。新婚后不久，李德全首先将冯玉祥前妻生的两个女儿送到保定思罗医院范真女子中学读书。1926年全家去苏联，冯玉祥先期回国后，李德全独自带着几个孩子留在莫斯科，她让长子冯洪国、长女冯弗能去莫斯科的中山大学读书，二女儿冯弗伐则在一家苏联工厂做工。其次，李德全要求子女们不分男女，都要靠自己的双手自力更生。他们去美国时，小儿子冯洪达每到暑假回家与父母团聚，李德全总是把他送到林场学习伐木，或者去奶牛场学挤奶。再次，他们夫妇都坚持培养孩子们的平民意识，不忘祖辈的清贫之苦，保持吃苦耐劳的好作风，从不允许奢侈浪费。李德全曾让丈夫给在德国留学的孩子写信，嘱咐他们一定克勤克俭："少爷、小姐个个是废物，是社会寄生虫。必须打破做少爷、小姐的念头，方能学到真本事。"要求他们学会洗衣、做饭、种地、木工、织毛衣、开汽车等。李德全对自己所生的三子冯洪达要求分外严格。住在泰山时，她让冯洪达出去锻炼身体，回来时要摸摸他身上是否出了汗，没有汗就要再出去锻炼。（麦群忠：《风雨与共，教子有方的冯玉祥李德全夫妇》，《名人写真》2013年第9期）

　　冯玉祥由于性格刚毅、英勇善战、富于正义感并敢作敢为，处于清末民初的天翻地覆、兵荒马乱的年代，才能够在军阀部队中不断晋升，最终成为著名将领。但随着年龄、经历渐多，冯玉祥越来越感觉出身行伍，小时因家境贫苦缺少系统教育，读书太少而对社会内情看不清、民族前途认不准，亟须补学文化与理论。为此，冯玉祥不仅在军营里始终坚持读书、练字、写诗文，还渴望从基督教中获得文化滋养，并且在升任较高职位后，长期聘请文化人到军营担任教员和参谋，安排他们定期给自己和下级军官讲课、讲演，力求开拓全军的视野，提高全军的知识素养。不难想象，冯玉祥在前妻病故后选择李德全，除了性格、出身等方面的原因之外，对方知书达理的女大学生身份也是他相当看重的。因此，两人结婚后，冯玉祥一直支持李德全在各种场合积极办教育、教导军官和启蒙士兵，并且虚心和妻子一起系统阅读理论著作，讨论各种社会与现实问题。特别是每当遇到挫折、遭遇困境，冯玉祥陷入精神苦闷之时，常常是李德全以清晰的头脑、简洁的道理、长远的眼光开导丈夫，使他豁然明朗。比如全家1925年去苏联时，李德全除陪同丈夫去各地参观考察外，还读了一些马克思列宁主义著作，接受了阶级斗争和社会发展规律的学说，思考过苏联革命与建设的实际得失等问题。正是从那时候开始，李德全开始意识到，要改造腐败的社会，改善民众的生活，光靠宗教和上帝不行，光靠个人的奋斗也不行，只有以先进思想武装的政党和依靠群众，才可能真正有效地改天换地并造福于民众。

基于理论认识深浅与社会眼光正误的差异，当1927年春冯玉祥先期从苏联回国并擅自决定与阴谋反共政变的蒋介石重新合作的消息传来时，李德全和子女们都十分震惊和恐惧。为弥补这一政治失误，李德全曾派自己的弟弟亲自参与护送来华苏联顾问回国,以表达对苏善意。1930年冯玉祥在蒋、冯、阎中原大战中失利后,不但在李德全的帮助下反思失败的教训,还开始系统学习社会主义方面的书籍。又从汾阳军官学校调来三名教员,给他们传授社会主义、社会发展史和政治经济学理论。不久,学者李达(1890—1966)也被请到冯的军中讲辩证唯物主义,陈豹隐(1886—1960)被请来讲政治斗争理论。白天,李德全和丈夫一起听课,晚上,两人共同讨论与研究社会主义理论。后来,冯玉祥还成立了一个专门研究室来推动和深化学习,思想倾向逐渐转向马克思主义和中国共产党。

3. 永葆纯朴本色

李德全1896年出生于清朝直隶顺天府通州(今北京通州区)草房村的一个贫苦农民家庭。她父亲是来自呼伦贝尔草原的蒙古族牧民,因畜群受灾而遭受牧主追杀,他先是逃到塞外,又随同一群苦力辗转至北京东郊通州码头上当搬运夫。后来和一位逃荒人的女孩成亲,改在当地以务农为生。可能因防备少数民族遭受歧视,他改为汉族常见的"李"姓。

李德全曾有一个姐姐夭折,她便充当了家中长女,从小担负起照看一个妹妹和六个弟弟的责任,还要帮助母亲烧火做饭,稍大一些则经常下地协助父亲干活,正所谓"穷人的孩子早当家"。春耕时她像男孩子一样拉犁耕地,夏天要除草、铲地,秋天要收割庄稼,收藏谷物。尽管父母操劳不止,全家生活仍然难以维持,不得已在李德全五岁时将她卖给人家做"童养媳",以换些粮食糊口。为此,李德全曾经饱尝过两年

下编　李德全和冯玉祥

骨肉分离的痛苦。后来，借助教友们的帮助，才将她赎回来。这段经历使李德全体验到了"屈辱"的滋味以及什么是"自强"。（孙自凯：《中华人民共和国的第一位女部长——记冯玉祥将军的夫人李德全》，《人物春秋》1995年第5期）

　　父母见李德全个性刚毅又聪明伶俐，而且因为信教从小没像当时一般女孩那样缠足，比一般农民读书也省钱，李德全又有读书的欲望，便在她八岁那年接受教会资助，将她送进通州私立富有小学学习。上小学时，李德全没有少做家务和下地干活。她每天都要早早起床自己做饭，然后才去上学。有时候，父母都在地里忙碌，家里的弟弟妹妹们会跑到学校去找她，她只好把弟弟妹妹抱回家，再回来继续上课。中午从学校回家吃饭，很少能安稳地坐在饭桌旁，常常要拿着干粮和咸菜去地里看庄稼。放学回家后更得首先帮助母亲为全家人做饭、洗碗和刷锅，直到把家务干完，才能回到自己的房间点上油灯温习功课。靠着吃苦耐劳和争分夺秒，李德全在上小学期间一直成绩优异，1911年被教会创办的贝满女子中学录取，进了在北京城的学校继续读书。

　　贝满女中是基督教会在北京经营最早的女子学校之一，在当时开文明教育风气之先。不过，在大都是基督教徒的师生中，富有家庭的孩子居多，很少有像李德全这样的穷困农家女孩。该校被市民视为"贵族学校"，但学校风气良好，对学生要求严格，提倡刻苦学习，严禁富家小姐的骄奢习气，特别反对所谓"交际花"式的生活。李德全的家境无法和同学们相比，但她算得上最用心读书并且大胆与师生交往的学生，深受校长和老师们赏识与信任。有一次，校长想开除一名犯有过失的女学生,特地征求李德全的意见。她回答校长说:"学校教育学生的目的是什么?要是学校开除她,她觉得名誉扫地,是不是从此会更加堕落?"李德全主张给这个女学生改正错误的机会,让她走上自新之路。校长欣然同意了李德全的建议,这个女学生的学习得以继续,后来正常毕业了。(刘巨才:《李德全的故事——她们与世纪同行》,河北少年儿童出版社1995年版,第4页)

1915年,19岁的李德全从贝满女子中学毕业,升入华北协和女子大学,这所女大同样由基督教会系统开办。中国的大学在1920年之后才开始招收女生,当时能像李德全一样想上并能上大学读书的中国女性少之又少,真可谓"难于上青天"。而她读大学的费用是靠申请教会贷款资助,约定大学毕业后要逐年偿还贷款并回母亲贝满中学教书。因此,李德全在大学期间差不多等于半工半读,一边学习一边兼职攒钱交学费或维持生活。她平民化的生活习惯,有时会受到同校的"阔小姐"们嘲笑。当时,北京人多把一种绿皮红瓤的"心里美"萝卜当水果吃。当别人把绿皮削掉只吃红瓤时,李德全总愿意吃削剩的皮。有女同学惊奇"乡巴佬"连萝卜皮都不舍得扔,她却吃得津津有味,并回答说:"萝卜本来就是辣的,吃萝卜就得吃皮,专吃它的辣味。"从此,李德全得了一个"不怕辣"的绰号。李德全学习努力,成绩也突出,又热心于社会公益事业,曾在大学中被推选为学生会会长,还兼任多种宗教团体中的女学生代表。她不像有些"贵族小姐"那样扭捏与羸弱,敢于大胆站在平民和穷人的立场上维护社会公平与正义,加上她的睿智和口才,演说时常能赢得平民百姓的共鸣。

华北协和女子大学

李德全和冯玉祥结婚后，从来不摆"官太太"的臭架子，更不懂什么叫"享受"，终生没有改变纯朴、率真的作风。如1927年春，冯玉祥与国民党北伐军合作占领河南，被任命为河南省主席。有人在郑州见到李德全时，她没有倚仗冯玉祥的权势乘坐专车，而是自买三等火车票，站在车门口手挽一个小布袋，神情自若，并不惹人注目。那时火车少而人多，车内拥挤异常，根本无座可坐。有人把她请到一节邮政车中，她坐在皮箱上，一如常人，令人深受感动。

丈夫冯玉祥很欣赏李德全的朴实平民作风，但有时俩人为此也闹点小摩擦。1932年，有一位朋友游览泰山，顺便探望住在那里的冯玉祥夫妇。看到冯玉祥穿着非常俭朴，布衣布鞋，颇似一个老农。这位朋友听说，有一次李德全在上海的一位朋友，托人给冯玉祥送来一套绸子衣料，相当华丽，李德全很喜欢。她将衣料展示给冯玉祥并问："焕章，你看这套衣料好不好？"冯玉祥斜眼一瞥之后，并无表情，只淡淡地说了一句："好得很！"过了一会儿，冯玉祥特地交代副官说："太太今天有事，开饭时可不必叫她。"副官当然照办。以前到开饭的时候，冯玉祥夫妇会与大家同桌吃，可这天冯玉祥一坐下，还没等李德全到场，便立即说："我们开动！我们开动！"饭吃到一半时，李德全怒气冲冲地跑来指责副官说："开饭为什么不喊我？"副官答："这是老总交代的，说太太有事不一同吃饭。"李德全马上转脸问冯玉祥："你说我有什么事不能一起吃饭？"冯玉祥笑着说："你看衣服料子都看饱了，还吃什么饭呢！"李德全此时压不住怒火，说了一句"岂有此理"，便怒气冲冲地走了。在座的人啼笑皆非，冯玉祥依然镇定如常，继续请大家吃菜，大家也都沉默无言地继续用餐。冯玉祥此举表达了对夫人的善意揶揄，提醒她别忘了自己崇尚俭朴的传统。（李任夫：《冯玉祥先生二三事》，《河北文史资料选辑》第8辑，1982年）

下编　李德全和冯玉祥

冯玉祥将军

新中国成立后，李德全担任了中国政府首任卫生部部长等高级职务，却始终没有改变自己的平民本色与纯朴作风。她当卫生部部长时，始终把注意力集中在提高普通民众的卫生与健康水平上，特别把卫生工作的重点放在农村，大力防治曾在旧中国泛滥的传染病和危害大的病害如天花、霍乱、麻风、鼠疫、性病等。在短短的三年中，中国的母婴死亡率就大幅度下降，使人口死亡率从35%降低至17%，男女平均寿命也迅速相应提高，长期戴在中国人头上的"东亚病夫"的耻辱帽子很快被摘掉了。

另外，在生活待遇上，国家规定为李德全配备的专车经常停在车库里"休息",除非有紧急公务调用,她从来都不乘坐,子女更别想沾光坐车。她经常在机关食堂吃饭,出差时和一般干部乘硬席卧铺,到地方视察工作时住普通招待所。她每天上下班大都坚持步行,既为锻炼身体又为能够接触社会、体察民情。那时,在北京西城名为"后海"的湖边通往卫生部办公地点的小路上,常能看见李德全年过半百却健步行走的身影。她冬天不穿大衣,不戴帽子和围巾,只穿一身灰布棉衣棉裤;夏天常着一套灰布制服,脚下一双布鞋。李德全遇见熟人很愿意打招呼,也经常对路边的行人或街坊嘘寒问暖。人们都称李德全是"平民部长",一点派头和架子也没有,活像一个"北京大妈"。

由于中国血缘宗族传统源远流长,历代王朝视子承父业、世袭皇位为天经地义。为此,中国民间自古也逆反形成了强烈的反血统、反权贵意识和观念。这主要表现在草根出身的平民阶层不甘心受权势者摆布,总想有朝一日取代其地位。另外,则是不屑甚至厌恶那些借权势者"封妻荫子"来招摇显摆的名媛淑女、纨绔子弟之类。像秦朝末年起义造反的陈胜(?—前209)曾大胆呼喊出:"王侯将相宁有种乎"的口号,后来项羽(公元前232—前202)也敢对秦始皇口出"彼可取而代也"的狂言。同样,现代中国人大都钦佩毛泽东,也主要因为他来自穷乡僻壤并肯为底层民众谋幸福。中国人既大都相信人人该有翻天覆地的雄心壮志,又珍视对弱势群体由衷同情的胸怀,把恃强凌弱视为不仁不义的禽兽之心,认为恻隐之心与扶贫济弱才是人之常情、世之常理。因此,无论是在新旧中国,像李德全这样出身平民并能永葆平民本色的高级官员,远比那些富家女更容易赢得社会声誉，也更容易被人们认同与推崇。这是李德全能够在现代中国妇女群体中功成名就、出类拔萃的重要社会心理基础。

三 冯、李与基督教

1. 李德全的基督教信仰

李德全与冯玉祥从结缘到结婚，共同的基督教信仰是重要的媒介之一。两人因基督教活动而相识，由共同的基督教友担任婚姻介绍人，并举行了基督教婚礼，结婚以后仍长期与基督教界保持着广泛的联系。即使后来二人先后脱离基督教会及其信仰，直至向中国共产党的政治立场靠拢，基督教在现代中国社会变革进程中的印迹也并未完全抹掉。冯玉祥和李德全夫妇信仰基督教的经历，反映了基督教在中国社会与政治中扮演的耐人寻味的角色和产生的影响。

李德全的基督教信仰源于家传。清朝末年，天主教、基督教在中国的传播空前活跃，各地教堂、教徒陡然增多，随之而来的各地民众与教会冲突的"教案"也日渐频繁。在1900年前后酿成的义和团"扶清灭洋"运动，就是这种态势的反映。在北京地区，李德全故乡通州的传教士、教堂和教徒都是数量较多的。除了当时、当地环境的影响，她父亲逃到当地后皈依基督教，也可能与人生地不熟，亟须帮助却举目无亲有很大关系，教会似乎很能满足孤独者在心理与物质上的各种需求。李德全八岁时，八国联军攻进北京，在古老的都城烧杀掳掠，也刺激了当地教会的发展：兵荒马乱中贫苦百姓无所依托，转而渴求上帝的庇护，基督教信徒增加迅速。李德全出生三个月便由父母抱到教堂接受洗礼，成为小基督徒。如实说来，李德全幼年时代的成长确曾受惠于教会。比如，她不必像一般女孩子那样从小缠足，凭健康的天足便于走出家庭，接触宽广的社会。另外，也使她有机会获得教会的资助，连续进入教会所办的小、中、大各级学校读书，接受现代教育并充分发挥自己的天资和潜能。这些都使李德全在人生道路上，具有比一般中国农村女性更高的起点，是她能够在后来走向社会，先担任中学教师，后被聘为北京基督教女青年会干事，推动教育、慈善与社会福利等公益事业的必要条件。

　　后来，李德全与冯玉祥结婚，基督教也是因缘之一。当冯问她为什么嫁给自己时，她回答说："上帝怕你做坏事，派我来监督你。"两人的对话虽含有幽默成分，但毕竟在一定程度上反映了李德全与丈夫结合时的心理动机。"奉上帝之命"的李德全来到冯玉祥身边后，在相当长的时间里，基督教曾是冯、李夫妇的共同精神信仰，也是他们管理军队的指导思想和对外交往的媒介。据冯玉祥的教友刘芳回忆，1915年"孙中山先生忽然从广州给我寄来一封信，托我向冯玉祥说项，让他相机在华北起义，联合倒袁。这又害得我受了一场虚惊。原因是孙先生的秘书长徐谦（季龙）是个基督教徒，早就和我认识，可能是他知道我和冯将军的关系，向孙先生出的主意。那时冯玉祥已随陆建章赴豫打白朗在洛阳升为陆军第十六混成旅的旅长。孙先生寄给我的信，信封很大，上写'广州孙中山寄'，颇惹人注目，我见信后，心里担惊受怕，忐忑不安。因为当时袁世凯对所有进行反袁活动的人，一律采取恐怖镇压的手段，我唯恐这封信给我惹来麻烦。事后知道幸亏这封信是通过日本邮局寄来的，如果直接由中国邮局寄送，就会受到当局检查，那对我就很危险了。我总觉得把这封信留在身边有些不妥，索性把原信托教友设法交给冯玉祥将军。他表示用不着孙关照，遇到机会，他会主动起义讨袁的。由此可见，冯将军是深明大义的。"（刘芳：《冯玉祥"基督教将军"称号的由来》，《文史月刊》2002年第3期）

1925年，孙中山在北京病重时，冯玉祥迫于环境不能前去探视，曾派妻子李德全在2月27日持自己的亲笔函，约汪精卫的夫人陈璧君一起看望与问候孙中山，还带去了一部《圣经》，方便孙中山日日诵读和祈祷，早日恢复健康。据说，孙中山含泪答道，耶稣曾说"先者将为后，后者将为先"，我自幼为基督徒，而冯将军中年才信教，可他的教徒生活比我先进。孙中山视冯玉祥和李德全为同忧患、共信仰的知己。

李德全早年信仰基督教的最大心理动机，是相信宗教宣扬的慈善、爱人精神乃普天下为人的基本价值观，与中国儒家"老吾老以及人之老，幼吾幼以及人之幼"（《孟子·梁惠王上》）的设身处地、将心比心之道一脉相承，这也是她终生献身社会公益的精神动力。坚定的信念加上开朗的性格，使李德全在大学时便练就了出众的讲演口才。她在以后几十年的宗教布道与公开讲演中，响亮而亲切的话语很能打动听众，受到普遍欢迎。李德全通过基督教渠道进行社会、政治宣传的效果相当成功并中外有名。后来，她借助之前在基督教女青年会中的经验与人脉，各种宣传与组织工作都很有成效。据日本报纸报道，李德全在1932年2月20日自南京回太原后，曾发起女子抗日救国义勇军并被推选为总司令，其活动之所以成功，是因为有担任基督教女青年会干事时的经验做基础（《指挥女子抗日军的冯夫人》，《读卖新闻》1932年2月21日）。另有学者研究，1936年初李德全随冯玉祥移居南京后，投身南京妇女文化促进会的活动。她尽力化解这一组织内部的政治矛盾，尤其以首都女子学术研究会的名义推行基督教社会改革运动，获得了广泛、积极的响应。团结在这一组织与活动周围的政治群体，其中有相当数量的基督教徒（胜田映子：《李德全与1930年代基督教女性运动》，《中国女性史研究》(3) 1991年7月）。

然而，李德全早年在接受基督教神学教育的岁月中，也觉察并清晰意识到，外国教会和传教士所言所行与《圣经》的思想和教诲未必完全吻合的矛盾现象确实存在。自己作为女基督徒不能一味以忍耐求怜悯，以退让求和解，主动、积极的抗争也是人类公平、种族共存必不可少的方式乃至必须坚持的唯一途径。中国国力的落后和民众愚昧是不争的事实，再过分宣扬安分守己或委曲求全，只能使国家和民众陷入无望的泥淖。因此，当1918年第一次世界大战结束后，正在华北协和女子大学读书的李德全听有人说，外国人在巴黎讲过"中国不值两毛五"之类侮辱中国的言语，她和女同学们异常气愤。李德全联络一些同学，领头用大字书写长幅标语："中国不值两毛五，全中国四万万五千万人，每人值0.0000000005！"并将其摊到美国校长的桌面上，代表中国的普通百姓表示抗议。这种不骄、不怯、不倦、不馁的积极心态与性格，使她成为现代中国较早走上社会并自立、自信的女性代表。

李德全的基督教信仰发生动摇，始于跟随丈夫经蒙古去苏

下编　李德全和冯玉祥

联考察学习期间。在那一年多时间里，李德全的思想信念产生了一些变化。当时，苏联是革命气氛浓厚的国家，她看到那里男女能够平等地工作与生活，国家建设速度更是长期战乱的中国无法比拟的。这不能不令她对坚持无神论意识形态的共产党政权刮目相看。那种新的制度与新的生活令她反思，对"天堂"的向往不能仅停留在洁身自好或劝人向善之类的口头宣教，必须伴随之切实可行的制度改造与社会变革才行，否则宗教信仰只能归于空想。自苏联回国以后，李德全在同一些笃信基督教亲友讨论时，往往出现以前少见的争论。有一位教友甚至发表给她的公开信，说她"游俄归来，信仰忽移"。1927年后，社会上还流传有"李德全赤化了冯玉祥"的说法。

如今，我们很难估量在后来冯玉祥与同样信仰基督教的蒋介石的政治决裂过程中，李德全究竟起了多大作用。但是，李德全不会不明白，即使同是基督教，也经常发生教派或教义纠争，何况同一基督教派对同一社会矛盾或现象也会有不同的立场和看法。比如，面对当时日本来势汹汹的侵华战争，中华民族处于生死存亡的关头，各种宗教大都守持不做恶、不杀生的教义信条，立足于中国自卫、自救的立场，可对抗外敌入侵的行为仅能止于口头谴责与抗议，于救亡图存并无实际效果，远不如中国共产党等抗日力量的铁血斗争更令人振奋，更能真正维护中华民族的尊严和生命安全。因此，当时中国基督教徒靠拢或者参加共产党的并非个别现象，1927年后，李德全的弟弟和妹夫都先后加入了中国共产党。尽管李德全当时未必知道他们的身份转换，但在与他们的接触中，恐怕或多或少会受到他们的政治观点的影响。到冯玉祥和李德全在泰山隐居时，曾邀请一些身为共产党员的文化人给自己讲课，学习辩证唯物主义和社会主义理论，更对他们的世界观和信仰产生了实质性的推动。抗日战争爆发后，他们已很少参加基督教活动了。

1942年，李德全随冯玉祥在重庆暂住期间，利用第二次国共合作的方便时机，与中共派驻重庆的代表周恩来、邓颖超等人之间的来往日渐直接与频繁，彼此的友谊日益加深，已密切到推心置腹的程度。一时间，冯、李二人投奔延安，追随共产党投身革命的念头曾经非常强烈，并几次向周、邓提出这一要求。实际上，随着中国共产党在抗日战争中越战越勇，在国内外的声望逐渐高涨，不少像冯玉祥一样的旧军人、国民党或其他民主党派人士，其中包括一些基督教徒如张学良（1901—2001）等人，都提出过相同的要求。然而，延安的中共中央大都没有轻易同意这些申请，而是劝说他们继续留在共产党外。其中固然因为当时中共接收重要人物入党必须征求共产国际的意见，中共不便擅自批准，另外中共中央也权衡过利弊，认为这些人士继续留在党外，更便于他们广泛联系与团结各社会阶层以扩大中共在全国的影响。因此，李德全虽然多次提出过加入中国共产党的请求，但直到1958年年底，62岁的她才被批准成为一名共产党员。

2. "基督将军"冯玉祥

冯玉祥信仰基督教晚于李德全。他并非像李德全那样从小就接受教会洗礼，而是人过中年，官至团长军衔时才自愿皈依基督教。由于个性独特、功勋卓著而赫赫有名，冯玉祥曾被冠以"平民将军"、"布衣将军"、"民主将军"、"倒戈将军"等

下编　李德全和冯玉祥

多种称号,而最著名也最被本人认可的则是"基督将军"。

据冯玉祥和基督教人士回忆,1900年义和团运动开始,冯玉祥曾在保定看到天主教传教士被逮捕杀害时,一个叫"莫姑娘"的女传教士提出了杀她一人释放其他传教士的要求。这种牺牲自我的殉教精神,让他首次对"洋教"产生了好感。后来,他当兵在辽宁省驻军,路过当地的基督教堂,无意中听神职人员布道,讲解基督主张的自由、平等、博爱精神,很受吸引,觉得基督教义对自己带兵很有用处,加之教会中人和气、有礼貌,更使他对基督教产生了良好的印象。1905年,冯玉祥因病住进北京基督教会的崇文门医院,受到医护人员无微不至的照顾,可当他表示感谢时,医生们却说:"不要谢我,请你谢谢上帝。"这让他非常感动。于是,冯玉祥1912年长住北京时,星期天常去东城基督教美以美会(The Methodist Episcopal Church)的亚斯立堂听讲,与教会的关系日渐密切。起初他对基督教的看法是:"耶稣是个大革命家。他讲贫穷的人得福音,被掳的得释放,被捆绑的得自由;他还责备法利赛人假冒为善。"进而冯玉祥则质疑:"救国必先正人心,除了耶稣谁能正人心呢?"由此可见,冯玉祥信奉基督教,既为自我修养,也是想走以宗教救国拯民的道路。

1919年,冯玉祥被调任湘西镇守使,驻守常德时,结识了美国传教士罗感恩(O. T. Logom,？—1919)大夫,罗氏时常给冯部下的官兵看病、讲道。后来,罗感恩在给冯玉祥的亲戚治疗精神病时,被他的妻弟开枪打死,冯玉祥深感愧疚。为了补偿内心的亏欠,冯玉祥给远在美国的罗感恩之子寄去8000元中国大洋作为学费。不料,罗的孩子却将这笔钱原封不动地返还。于是，冯玉祥用该款建造了一座可容纳500人的礼拜堂，定名"思罗堂"。此堂全部为木质结构，可以随时拆迁，随意挪动。此后，冯玉祥的军队迁到哪里，就把这座活动礼拜堂搬到哪里。1922年驻陕西期间，冯玉祥还计划在察哈尔省（今属河北省）张家口兴建一个"福音村"，并已请人绘制了蓝图。设计村子的中央是教堂，四围是住宅，还有学校和戏院。可惜后来因战争爆发，这一计划未能实现。

基督教义能够契合冯玉祥改造社会的救世志向，是因为他把基督教视为高尚的道德规范，觉得基督徒凝聚力强，可以借助宗教来管理军队，提高官兵素质。他曾说，中国有"吃教派"、"信教派"，自己要当"用教派"。他在军队中设了随军牧师，这在当时各路军阀中是独一无二的。在1918年驻军湖南省常德时，冯玉祥开始在自己的军队里进行正规传教活动。如在营房建立教堂，每逢礼拜天请牧师向全体军官布道，提倡读经、祷告、赞美、主日等仪式。冯玉祥还亲自为官兵们宣讲教义，选择自己需要的教义内容，编写了军人教育读本《军人精神书》，分为《道德精神》、《爱国精神》和《军纪精神》，即"三精神书"，分发给官兵。冯玉祥善于现身说法，他把中国的圣贤传、传统道德观和基督教义结合起来，使基督教成为凝聚军队的思想纽带，官兵受洗入教的数量增加很快。有调查统计，到1924年，冯玉祥在北京出任陆军检阅使时，他统率的3万余人中多半信奉基督教，军官受洗者十之八九。当年2月，冯的军队中就有千余名官兵受洗。8月，又有5000人在驻地南苑受洗。

下编　李德全和冯玉祥

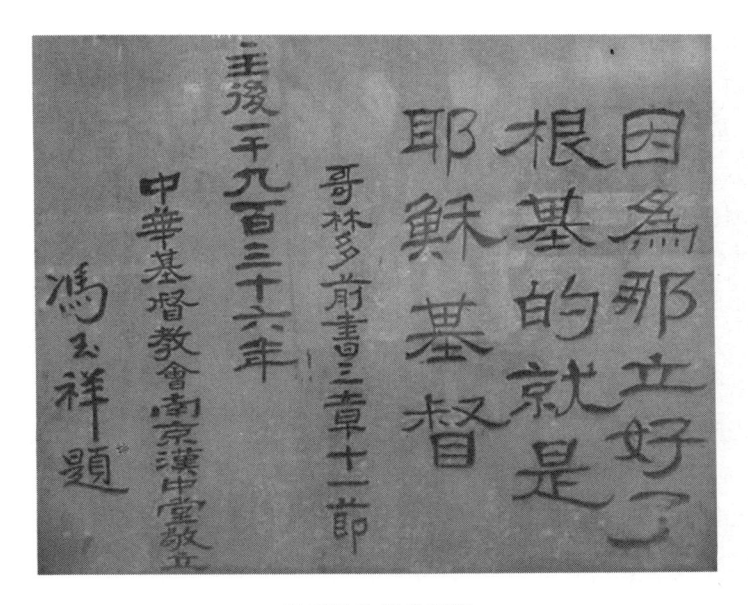

冯玉祥为教堂题词

　　冯玉祥倡导"以教治军",用基督教的教导来管理官兵,并不止于宣教布道,更强调身体力行,提倡节俭,反对奢华,要求官兵洁身自好。冯玉祥与士兵一样,穿灰布军装,睡稻草地铺,每餐仅一菜一汤,数十年如一日。冯玉祥严禁官兵吃喝嫖赌,严禁穿着绫罗绸缎,甚至严禁吸烟饮酒,自己也从不用烟酒待人。不难理解,与其他军阀部队相比,冯氏军队呈现出完全不同的精神风貌:纪律严明、战斗力强、声誉较高。每到一处,人们都向他们投以诧异的目光。冯玉祥的部队由此赢得"基督雄狮"的美誉,被称为"模范旅"。

　　此外,基督教也曾是冯玉祥与各种政治集团或势力交往的重要媒介，使他赢得不少有基督教背景的中国军政人士的信任。如1920年9月，冯玉祥驻扎在汉口，"冯派他的秘书任佑民（基督教徒）到广州去回拜孙中山先生，表示只要孙先生用得着他，他无不尽力以赴。果然，到了1924年，冯玉祥联合奉军打倒曹锟、吴佩孚后，就实践了自己的诺言，首先电请孙中山先生北上主持大计。这与此次孙、冯互派代表往来还是有直接关系的"（刘芳：《冯玉祥"基督教将军"称号的由来》，《文史月刊》2002年第3期）。到1936年，南京基督教会在莫愁路举行新堂破土仪式时，尽管当时冯玉祥对基督教活动已经不太热衷，仍应邀参加了布道活动，并且选用《圣经》中的话，给该教堂的奠基石题了词："因为那立好了根基的就是耶稣基督。"抗日战争爆发后，冯玉祥又开始读《圣经》。1942年12月，他还在重庆发起成立"全国基督教节约献金总会"，将所得捐款由救济难民扩展为慰劳抗战将士，充实国库，建军建国。

如果准确地评价，无疑冯玉祥曾经的基督教信仰也有一定的缺陷。如一位冯的贴身随从曾说，冯玉祥皈依基督教十余年，仍"不很理解深奥的基督教教义"。也就是说，他对待基督教是"用"多于"信"。他主要从道德规范的角度去理解基督教教义，并未准确、深刻认识到人的精神何以需要依赖宗教等深层心理问题。这或许与他粗犷、豪爽的性格有关系，着重以教义约束人、管教人，却很少对彼岸神灵怀有谦恭的心态。这一点可以从他家人的回忆得到证实，比如，他每天读经、学习，但"不做祷告的，我从来没听家人说他做祷告"。而当某些教会的言行举动不符合冯玉祥预期时，他就不仅责怪那些教会和神职人员，而且连对《圣经》等基本教义的信仰也动摇、

下编　李德全和冯玉祥

怀疑起来。1925年"五卅"惨案发生后，冯玉祥对教会一些人士为美、日军人枪杀中国人开脱罪责感到异常气愤。他仗义执言，以中国基督徒的身份发出了著名的《为"五卅"惨案告全世界基督徒电》，其中质问道："工人受压迫，正如压伤的芦苇，中国人民之于今日，正如将残之灯火。不见基督徒有披发缨冠之救，抑强扶弱之义，以表彰公理，然则基督教徒所学何事？更不知各国传教于中土者所为何事？岂非徒具基督教之名，而无基督教之实乎？况基督教乃世界之宗教，无国界，无种界，不能以沪案为中国之事，遂漠不关心也。宜本乎教旨，生切肤之痛，同情援助，尚何待焉？不然，则传教之事，岂别有用意耶？非基督教徒辄谓教士来华，假布道之名，行侦探之实，言之啧啧，其将何以辩之？"（《冯玉祥自传》，军事科学出版社1988年版，第11页）冯玉祥认为，如果不能与漠然冷对"五卅"惨案的教会拉开距离，自己也将遭国民唾弃。自1925年后，他便不再在军中强行推行基督教信仰，自己的思想逐渐转向了孙中山的三民主义理论，并准许在自己的部队中公开建立国民党分部，甚至和李大钊（1889—1927）等中国共产党人来往与合作，其军队中的宗教氛围随之减弱。到1926年5月，冯玉祥在赴苏联途中加入了中国国民党。

1928年7月2日，美国一期《时代周刊》封面刊登了冯玉祥的特写镜头照片，该刊的主要内容为对冯玉祥的报道。照片中的他显得很健壮，巨大的头颅微微仰视，帽檐正好遮盖住前额。照片下面有简洁的文字说明："中国的基督教战士……变乌合之众为规矩之军。"这里用"基督教战士"来称谓冯玉祥，或许为适应美国普遍而浓厚的宗教气氛。报道只浓墨重彩地介绍了冯玉祥信仰基督教的来龙去脉，却避而不谈此时冯玉祥已与基督教渐行渐远的趋势。文中在"冯的优点"这样的小标题下写道："对于更多的外国人来说，冯玉祥有着传奇般的经历，谈到他，人们总是会津津乐道于他皈依基督教的起因以及他命令整个部队的士兵都念《圣经》，唱圣歌，按照牧师们的训导祈祷。在军阀混战的年代，这些做法的确引人注目，也令人好奇。"当时，《时代》周刊为人们描述呈现的冯玉祥，是一位作为虔诚信仰基督教的中国军阀将领，这无疑是为了迎合美国广大基督教徒的口味，而不惜掩饰了冯玉祥已经在变化的思想与立场倾向。

1948年，冯玉祥和李德全去美国考察游历时，美国的美以美教会曾邀请冯玉祥前去演讲，或许仍基于他以往与该教会的因缘。然而，让教会感到意外的是，冯玉祥在讲演中绝少涉及基督教信仰问题，却大谈美国政府援助蒋介石打内战对中国的伤害。冯玉祥在讲演中别出心裁地给蒋介石取了四个诨号，说："蒋介石在中国屠杀了成千上万的教授、学生、青年和老百姓，因此，他是'屠宰公司的总经理'。中国哪里会有那么多的共产党，还不是一个人一手造成的？军队待遇不平等，当然一师一旅地带着军火去投靠共产党，人民生活无着，自然会拥护共产党，去加入共产党来推翻这专制无能的政府。所以我说蒋介石是一个'制造共产党工厂的总老板'。因为你们美国人送给蒋介石的坦克、大炮、枪支、弹药，他都转送给共产党了，所以我说蒋介石是输送军火到共产党去的'运输大队长'。而且他还是一个'无底洞的洞主'，无论你们美国给他多少支援，总是填不满的。"

冯玉祥在美国街头讲演

3. 宗教和中国现代政治

冯玉祥曾是旧中国军阀"基督将军"的代表,后人常将他视为宗教影响中国旧式军队的典型例证。实际上,如果广泛地观察宗教与近现代中国政治演变的关系,会发现辛亥革命后军阀与宗教关系密切乃至以宗教治军的,并非仅冯玉祥一人。除冯玉祥的"基督军"外,现代中国还有过"佛军"和"神军"等。

在中国长期的皇权社会里,军队与士农工商等群体一样,安身立命的主流意识形态是效忠自命为"真龙天子"的皇帝。在辛亥革命推翻皇权之前,虽然有过尝试改良政治、筹划宪政的维新变法以及孙中山鼓吹共和舆论，但图谋取代皇权的宪政意识形态，并未真正在包括军队在内的近现代中国各社会阶层普及，更谈不上根深蒂固。在中华民国成立后，凭借武力彼此混战、暂时各霸一方的各路军阀，都曾不约而同地寻觅超越旧日皇权观念的意识形态。而在尚未接受三民主义和共和思想之前，五花八门的宗教便成为某些军阀及其统领军队的精神支柱，有的军队还公开张扬过宗教的旗号。

中国旧军阀中的"佛军"，指唐生智（1889—1970）治理的军队。据说，唐生智早年被保送进入保定陆军军官学校时，课余时间就虔诚地信仰佛教，热衷于念经诵佛。后来，唐生智在湖南的实力大增，在清末曾国藩（1811—1872）创建的湘军中遥遥领先。但他与时任湖南省省长、同样信佛的军阀赵恒惕（1880—1971）不和，两人公开上演过比赛"斗法"的闹剧。赵请来藏传佛教喇嘛在长沙举办"金光明法会"，借佛造势，以求聚拢整个湖南大小军阀派别。唐生智也不甘拜下风，他请湖南著名佛教居士顾伯叙（1889—1973）出谋划策。按照顾的建议，唐让整整一个师的官兵一夜之间都剃度当了和尚。官兵们改穿佛教袈裟，前后佩戴圆形徽章，正面写大"佛"字，背面写"大慈大悲，救人救世"等小字。到阅兵时要吹响法螺，口呼佛教口号。就这样，唐生智靠数万人的"佛军"，将赵恒惕赶出了湖南，并亲自祭拜"佛祖圣明"以表谢意。而所谓"神军"，则是由军阀孙殿英（1889—1947）和刘湘（1888—1938）分别统率的人马。孙殿英的老家河南省民间流行类似道教的"庙会道"。他为招兵买马，扩大军力，自称梦见了"神仙"，并说从"神仙"那里得到一把宝剑和一柄拂尘。行军、打仗都带着这两件"法宝"，用黄缎子包好,有事没事都摆出来焚香祭拜。于是,神秘的"庙会道"信徒纷纷加入孙殿英的军队,孙理直气壮地称自己的队伍为"神军"。四川军阀霸主刘湘的"神军",是崇拜所谓"孔孟道"。他宣称,自己能在军阀混战的四川打出一片天地,全靠背后"神仙"的帮助。"神仙"专指一个叫刘从云的道士,也是"孔孟道"的创始人。他被刘湘聘请当了军师,每有战事,"刘神仙"都要占卜吉凶,行军打仗也要先看风水,按规定行军路线。刘湘的"神军"扬威一时,最后扩大成为一个整编师,在中国轰动一时。

冯玉祥信仰基督教并以之治军,以基督精神训导官兵,培育、提拔了一些虔诚的教徒为各级军官,其中以佟麟阁(1892—1937)等最为著名。佟麟阁在加入冯玉祥部队后接触基督教,于1912年在湖北受洗,正式成为基督徒。从此,佟麟阁天天读《圣经》,并收藏多种《圣经》版本。他用基督的教导严格要求自己,改掉了旧军人的恶习,不打人,不骂人,不纳妾,为人极为和蔼。冯玉祥曾在宣传册《模范军人问答》中这样评价佟麟阁:"他是一个极诚笃的基督徒。能克己,能耐苦,从来不说谎话。别人都称他为正人君子。平素敬爱长官,爱护部下,除了爱读书,没有任何嗜好。"同时,佟也用基督的教导带兵、爱兵,经常能看到他跪在地上为祈求国家和老百姓减轻苦难,痛哭流涕地祷告。佟麟阁的母亲原是虔诚的佛教徒,家中设有佛堂,常年香火不断。只要佟麟阁在家,每当母亲拜佛,他都会陪伴在母亲身旁以示孝心。不过,当老人要求他拜佛时,他却和善地表示:"我信基督。"最终,老人受佟麟阁影响,也改信了基督教,在教堂领受洗礼时年已83岁。

中国基督徒曾是抗击侵华日军的重要群体之一。佟麟阁以副军长之职负责军事指挥，曾以军部名义向全军官兵发出命令："凡是日军进犯，坚决抵抗，誓与卢沟桥共存亡，不得后退一步。"1937年7月28日凌晨，日本军队聚集10万多人，以几十辆坦克为掩护，突然从东、南、西三面向佟麟阁指挥的第29军驻守的南苑发起全面进攻。当时29军只有5000余人，而且多是新参军的学生兵，武器装备也极差。在如此险恶的情况下，佟麟阁率领将士沉着应战，利用熟悉地形的优势，与敌人周旋。在指挥部队向外突围时，他腿部中弹，鲜血直流，但仍坚持不下火线。在危难之际，佟麟阁从脖子上取下十字架项链交给副官，并说："从信仰基督开始，这条项链就一直戴在我身上，跟我已有数十年。请你务必把它转交给我夫人，让她留作纪念。"在接下来的战斗中，他不幸被敌机抛下的炸弹击中头部，当即壮烈牺牲，时年45岁。佟麟阁是冯玉祥以基督教训导的官兵中的典型代表。

在冯玉祥部队的随军基督教牧师中，还有些人身经百战，最终倾向或者成为中国共产党人的将领，后来还在新中国政府担任过高级职务，如余心清（1898—1966）、董健吾（1891—1970）、浦化人（1887—1974）等。

余心清于1915年考入南京金陵神学院，1922年成为冯玉祥部队的随军总牧师，1923年在北京担任南苑军官子弟学校校长。据说，余心清当时在基督教堂布道，已经很少讲《圣经》或"天国"彼岸，却大谈世界革命潮流，大讲中国人民受侵略、被压迫的苦难，大讲革命军人肩负的救国救民重任。他讲话深入浅出、侃侃而谈，有事实、有理论，语言生动活泼。1926年余心清留学美国，就读于哥伦比亚大学行政系，1927年回国后任

下编　李德全和冯玉祥

冯玉祥部开封训政学院院长，1933年任察哈尔民众抗日同盟军政训处处长，同年，代表冯玉祥参加福建人民政府，任中华民国福建人民革命政府经济委员会代主席。失败后去日本避难，抗日战争开始后又回国，初期担任国民革命军第三集团军政训处处长，1944年参加中国民主革命同盟，成为与中共合作的民主党派人士。余的夫人刘兰华（1889—1968）是李德全在贝满中学的同学。他的女儿余华心（1934—　）嫁给了冯玉祥的儿子冯洪达（1930—1993）。新中国成立后，余心清历任中央人民政府办公厅副主任、典礼局局长、政务院机关事务管理局局长、国家民委副主任等职。

据说，和中国共产党早有交往的美国记者爱德加·斯诺（Edgar Snow，1905—1972）1960年再次访问中国时，他向毛泽东提出想再见在延安时期结识的一位"王牧师"。后经过调查才搞清楚，"王牧师"原名叫董健吾，是由信仰基督教改信马克思主义的中共党员，曾为冯玉祥、张学良等与中共之间的合作担任过中间人。可惜当时董健吾正因"潘汉年事件"被调查，斯诺没能见到董健吾便回国了。不过，由于斯诺的提议以及后来的调查，毛泽东知道了董的身份，他和周恩来要求上海领导人以中央的名义安排好董健吾的工作。毛泽东曾说："我总算才明白，到瓦窑堡商谈国共合作的密使董健吾就是护送斯诺的'王牧师'，也就是抚养我的三个孩子的董健吾，此人真是党内一怪。党内有两个怪人，一个做过和尚，一个当过牧师，都邀请他们出山。"

毛泽东所说"做过和尚"的中国共产党人，指著名"虎将"许世友（1905—1985），而当过牧师的共产党人就是董健吾。董在年轻时曾以基督教徒身份在冯玉祥部队担任随军牧师，在那里由另一位随军牧师浦化人介绍参加了中国共产党。后来，他去上海在中共中央机关担任情报工作。在当时，他应延安方面的指示，多方设法寻到了毛泽东的妻子杨开慧（1901—1930）牺牲后流浪在上海的三个孩子，最终又把两个孩子辗转送到了苏联。董应该是毛氏三兄弟的救命恩人。

那位介绍董健吾入党的浦化人，在青年时代也是基督教徒。"冯玉祥在陕西和圣公会浦化人会长相识，浦毕业于上海圣约翰大学，后任陕西圣公会会长。后来浦于1927年去苏联，归国后思想转变，放弃信仰，著《穷人有福》一书，阐述社会主义革命的道理，后于上海被国民党逮捕，直到1936年抗战前，冯玉祥才设法将浦保救出狱。"（刘芳：《冯玉祥"基督将军"称号的由来》，《文史月刊》2002年第3期）浦化人获释后于1937年到延安，在延安新华通讯社做英文翻译，后任延安外国语学校英文系主任。中华人民共和国成立后，历任北京外国语学校党总支书记、中国人民救济总会监察委员会委员等职。晚年他和李德全共事于中国红十字总会，称得上老友重聚首，共同开创了中国红十字总会事业新局面。

毛泽东称当过和尚或牧师的共产党人为党内的"怪人"，是带有调侃意味的说法。在一般人眼中，共产党的无神论意识形态与各种宗教势如水火，而当过和尚和牧师的人竟然也会成为共产党人，确实会令人觉得有些不可思议。然而，如果能够仿照观察冯玉祥一生思想演变的角度，去认识或解释一些宗教信徒最终靠拢和加入共产党的现象，就不会觉得太奇怪或难以理解。在近现代中国，大凡思想敏锐的人，都会因"天下兴亡，

下编　李德全和冯玉祥

匹夫有责"传统观念的熏陶,思考与探究救国于危亡、救民于水火的道路与责任。像李德全、冯玉祥夫妇曾经皈依基督教,便是基于这样的动机,这在当时的中国并非特例。其他宗教信徒最终改随共产党走上革命之路,也多半是伴随年龄增长、阅历渐广,发觉宗教虽然可以缓解个人心灵苦闷并团结与帮助贫苦民众,而要全面、有效地改造腐败社会与改变民族的命运,毕竟需要以三民主义或者马克思主义为指导思想的革命运动与实际斗争。不妨说,宗教徒和革命党双方都基于救苦救难的宗旨,但二者也有区别,即一限于心灵抚慰;另一重在社会行动。当人的思想观念由重视个人修炼转向投身社会改造时,便可能从宗教徒转变为革命党;反之,如果厌倦社会斗争,也会从革命党退向宗教以求清心寡欲。这是共产党将无神论作为接收党员的意识形态底线,却又能与宗教并存甚至与之构成一定合作关系的根本原因。

董健吾　　　　　　浦化人

四　冯、李与国民党

1. 中国现代军阀概说

冯玉祥和李德全均出生于清朝末期，当他们告别青春开始步入社会时，正值中国社会由传统皇权专制向现代共和政体转变之时。自1912年中华民国成立到1928年以蒋介石为首的中国国民党建立统一中央政权，中国社会处于封建王朝土崩瓦解、中央共和政府尚未确立，由各路军人割据一方、各自为政的"军阀混战"时期。而冯玉祥便是这一时期各路军阀不断纵横捭阖、分化组合过程中最引人注目的一位。即使后来全国统一中央政权确立，冯玉祥与蒋介石之间的分分合合、恩恩怨怨，也都与军阀派系之间的矛盾有关。因此，要认识冯玉祥、李德全的曲折与传奇经历，必须了解中国现代军阀的来龙去脉以及其彼此的错综复杂关系。

所谓"军阀"，是中国现代政坛上的特有现象，指拥兵自重、割据一方、自成派系的军人或军人集团。清王朝垮台、中华民国成立后会出现军阀割据与混战的阶段，主要根源应追溯到在清末担任过北洋大臣、后来成为中华民国大总统的袁世凯（1859—1916）。为了延续清王朝的寿命，袁曾受朝廷之命在北京与天津之间的小站训练新式陆军——北洋军。孙中山终生宣传共和政体，也多次指派革命党发动针对清王朝的武装起义，但最终推翻清朝统治的辛亥革命主力，却是各地背叛朝廷的新军。由于事先没有充分酝酿并准备好共和政治体制的基础与运作，中华民国宣告成立后，从中央到地方的各级政权均由袁世凯及其下属各级将领把持,新的共和政府实质就是军阀政权。这些军阀凭借人数不等的军队维持地方治安与控制当地的财政,同时又与其他派系军阀不断地抢地盘、争实利,今天结为政治盟友,明天又翻脸,打得不可开交,形成彼此分化瓦解、吞并组合的混战状态。但是,这些军阀有枪杆子少笔杆子,有军事实力无政治头脑,常被人们耻笑为"兵痞"、"大老粗"。以往"在中国,称人为'军阀'时,其中含有轻蔑与谩骂的意思。不过,该称呼并不只是在骂人时才使用,此外也没有别的称呼。"(竹内实:《关于军阀——从日本的观察》,《竹内实文集》第9卷,中国文联出版社2006年版,第175页)正因为这样,冯玉祥很讨厌被人称为"军阀",而宁愿自称为"军人"。

1916年袁世凯死后,原来的北洋军分裂,加上其他地方的军事势力,中国曾有以下几个派系的军阀:

皖系军阀:以出生于安徽省(简称为"皖")的段祺瑞(1865—1936)为首领,在袁世凯死后曾把持北洋政府。后在1920年与直系军阀在直皖战争中失败,被夺去政权。

直系军阀:先后以出生于直隶(今河北省)的冯国璋(1859—1919)、曹锟(1862—1938)为首领,后转归吴佩孚(1874—1939)统率。在1920年、1922年分别打败皖系和奉系军阀,曾执掌北京的中央政府大权。

除由北洋军分化的以上两大派之外,还有以下各路地方性军阀:

奉系军阀:以张作霖(1875—1928)和其儿子张学良(1901—2001)为首。滇桂军阀:占据云南、广西。四川军阀：占据四川。山西军阀：以阎锡山（1883—1960）为首。广东军阀：以陈炯明（1878—1933）为首。另外，还有冯玉祥的"国民革命军"，其原来属于直系，可在1924年第二次直奉战争时，冯玉祥在北京发动政变，打败了直系的曹锟和吴佩孚，与奉系军阀共同拥戴段祺瑞为"中华民国临时执政"。后来，冯玉祥支持过孙中山北上和国民革命军北伐。1930年，他又和阎锡山联合攻打蒋介石，史称"蒋冯阎大战"，最终失败下野。

　　在现代中国各路军阀里，冯玉祥因与众不同、特立独行而备受瞩目。这并非仅由于他长得人高马大、身材魁伟，在众军阀头目中显得鹤立鸡群，更因为他不肯像一般军阀那样自始至终听命于某一派系，而多次自作主张背叛所属上司。比如，1923年他参与过驱逐当时的总统黎元洪（1864—1928）；第二年第二次直奉战争期间发动政变，囚禁了本派系的贿选总统曹锟，与奉系合作杀了"回马枪"；接着，他又和共产党合作对付皖系段祺瑞政权；后来与蒋介石从结盟到决裂，更使其中外闻名。为此，军阀们曾指责冯玉祥"论变不论常"，说他见异思迁、反复无常，其绰号又多了一个"倒戈将军"。然而，冯玉祥如此频繁掉转枪口、翻云覆雨，绝不是无主见地随风使舵，更非好出风头或故做惊人之举，主要是与某些军阀相比，他不仅更平民化，以追求个人权势和财富为耻，而且其志在以兵救国救民，想借助军队改造社会。尤其是冯玉祥在军阀中以勤于反思、勤奋学习著称。尽管他因幼时贫穷，只是个没有上过多少学的"半文盲"，却终生愿意读书、练字，希望结交文化人，虚心请教各种社会理论，不肯落后于历史潮流，力争跟上时代的步伐。就像外国学者评价的："他可能是

下编　李德全和冯玉祥

比同时代的军阀更易受西方思想影响的人。然而，教育上的缺陷让他总是落后一拍。"准确地讲，冯玉祥是当时各路军阀中最不顽固、保守，对中外各种有益思想都如饥似渴地汲取的人。他常引用古话，说自己"觉今是而昨非"。在思想信仰上，从较早的基督教义，中途亲近苏联和马克思主义，再到后来尊奉孙中山的三民主义等，看似转移不定的心灵轨迹，实际上反映了他对现代中国改造之路的不懈追求。这是20世纪前半期中国从文人到军人的普遍思想状况，只不过冯玉祥的一生更典型、更执著罢了。这也是他虽然曾成功胜算，也多次失败无助，却总能赢得中国各界人士的理解和同情，比一般军阀更能获得肯定评价的主要原因。

在中国历史上，孙中山提出"联俄、联共、扶助农工"三大政策，促成中国国民党和中国共产党第一次合作，并组成国民革命军于1925年5月出师北伐开始第一次国内革命战争，标志着军阀统治时代终结的开始。当时正在苏联考察的冯玉祥应时任国民革命军总司令蒋介石的邀请，在苏联和中共的建议与推动下，决定顺应时代潮流，以自己领导的国民军支持北伐战争。他发布宣言称："玉祥本是个武人，一生戎马，未尝学问，惟不自量，力图救国，无奈才识短浅，对于革命的方法不得要领，所以飘然下野，去国远游。及至走到苏联，看见世界革命起了万丈高潮，中国是世界一部分，受国外帝国主义与国内军阀双重压迫，革命运动早已勃兴，又受世界的影响，民族解放的要求，愈加迫切。孙中山先生的三民主义与所领导的国民革命，即由此而生。于是我明白救国要诀已经他开辟了道路。……我的热血沸腾起来，情不获已，遂赶紧回国，与诸同志上革命前线，共同奋斗。"（《冯玉祥自传》，军事科学出版社1988年版，第90—91页）1926年9月17

日，冯玉祥在苏联顾问团、共产党人刘伯坚（1895—1935）、邓小平（1904—1997）等人的帮助下，于内蒙古五原举行誓师大会，宣誓就任国民军联军总司令，决定绕道甘肃东进，参加北伐战争。这标志着冯玉祥统领的军队彻底与旧军阀势力决裂，转为革命将领。北伐军在不到九个月的时间里，打垮了直系军阀的主力，进攻并占领了长江流域和黄河流域部分地区。接着，冯玉祥部队同原山西军阀阎锡山配合，于1928年攻克北京，逼迫在那里执政的奉系军阀张作霖撤退回东北，其儿子张学良很快宣布"易帜"即改换旗号，承认国民党主导的中央政权，至此，中华民国政权基本统一。

由于冯玉祥的国民军在北伐战争中居功至伟，对革命胜利的贡献几乎可与蒋介石指挥的国民革命军不相上下。特别是蒋介石因国民党内部矛盾被迫辞职下野后，冯玉祥又再三呼吁迎蒋复职，并约阎锡山一起拥护蒋介石东山再起，蒋无疑对冯感恩戴德。在这样的背景之下，1928年年初，蒋介石通电冯玉祥、阎锡山等代行国民革命军总司令职权。进而蒋、冯两人在郑州宣誓成为结盟兄弟。蒋送给冯的帖子上写着："安危共仗，甘苦同尝，海枯石烂，生死不渝。"冯则回赠盟帖："结盟真意，是为主义，碎尸万段，在所不计。"对此，华人学者赵浩生曾说："五十年来和蒋介石交往过的大人物中，不是沦为他的奴才，就是变成他的罪犯和牺牲品，其中和他分分合合的时间最久，他永远不愿做他的奴才，而且他不敢轻易下手的，就是冯玉祥。"（佟飞、石火：《东方怪杰冯玉祥》，河南人民出版社1987年版，第266页）

冯玉祥、蒋介石、阎锡山

2. 冯玉祥军旅生涯

冯玉祥出身行伍之家。他的原籍是安徽省巢县。父亲在清朝考中过武秀才,后入伍成为清末新式淮军的一名下级军官,随部队辗转各地。冯玉祥出生于直隶(今河北省)青县,幼年在保定郊区长大。他小时候上过三个月旧式私塾,后借助父亲的引荐进入军营当兵。在几年军旅生活中,冯玉祥提升了军阶,思想也趋向新式。他听说袁世凯编练"新建陆军",便转投新军,重新当起兵来。由于表现突出,他在驻防地辽宁省新民县被提拔为营长。此时,他在军中成立过受革命思潮影响的秘密组织"武学会"。1911年辛亥革命消息传来，冯玉祥追随上级军官在滦州（今河北省唐山）参加推翻清朝、反抗北洋新军的武装起义，可惜因事情败露被押送回乡。袁世凯当上中华民国大总统后立即扩充军队，冯玉祥因上级军官保荐，重回原部队任职。此后，他加入基督教会，以教治军颇有成效，又在转战、剿匪中立有战功，1914年被提升为旅长，授陆军少将军衔。他曾自我评价这一时期经历说："余自民元统兵以来，由营而团而旅而师而军，十数年间，其间饷械两缺，苦不堪言。然经战大小不下数十百次，从未有过败北之举。驻扎遍及直、鲁、豫、陕、川、甘、察、绥、热、湘、鄂、皖等十二省区，亦从未有哗变扰民之事。职是之故，吾之军队颇为中外所称许，余闻之心虽滋愧，然军队何由至此，则余治军之法，亦有可得而言者。"（《冯玉祥自传》，军事科学出版社1988年版，第21页）冯玉祥治理的第十六混成旅奠定了后来手下部队的基础。他后来率领的军队曾先后命名为国民军、西北军、国民革命军第二集团军以及中华民国陆军第二方面军等。

1915年，袁世凯意在复辟封建王朝体制，想重当皇帝，北洋军许多将领被笼络，支持其称帝，唯独冯玉祥表示反对。当他接到一位基督教牧师转来孙中山希望自己起义、革命倒袁的信件后，决心待时机成熟，必有动作。冯玉祥暗中与讨袁的护军将领联系，奉告上司莫与护国军对峙，减少了讨袁军队的损失，并同意将自己的军队改编为护国军第五师。袁世凯死后，民国政局动荡不定，冯玉祥因在各派军阀争斗中保持中立态度，曾被降职任用，但当军阀张勋（1854—1923）试图扶持被废立的清朝复辟帝制时，冯玉祥立场鲜明地通电全国讨伐张勋部队，最终使这场闹剧以失败告终。

后来，冯玉祥及其部队在全国有过最为轰动的三大军事举动，一是1924年的北京政变，二是1926年的五原誓师，三是1933年的察哈尔抗战。

冯玉祥在北京发动的政变又称"首都革命"，背景是1924年9月爆发的直系与奉系两派军阀间的第二次战争。冯敢冒巨大的政治与军事风险，出其不意地政变成功，有人猜测是与奉系军阀张学良暗中协商并接受了资金支持。而最重要的还在于：一、冯在原属的直系军阀内部已遭到致命排挤，不愿再受该派主帅吴佩孚的指使与压制；二、他受孙中山民主主义革命思想的影响，想将在北京苟延残喘的清朝末代皇帝赶走，以迎接孙中山北上掌握全国政权。于是，当年10月上旬，趁吴佩孚离开北京去前线督战之机，冯玉祥率部在河北省滦平县里应外合迅速进军，1924年10月23日，冯军人人佩戴"不扰民，真爱民，誓死救国"的袖章攻入北京。不仅包围了北洋政府总统府邸，解除卫兵武装并抓住了时任总统曹锟，又很快召开政治、军事会议，决定组织国民军并自任总司令。除此之外，他还把清朝末代皇帝赶出了故宫，最终"剪掉了清朝廷的小辫子"，完成了辛亥革命未竟的事业。这一举动彻底抄了直系军阀的老底也断了其后路，使其最终全军覆没。接着，冯玉祥向孙中山发出电报，希望他"即日北上指导一切"。尽管后来因段祺瑞篡夺"临时总执政"之位，孙中山来北京后不久便病逝，但冯玉祥的北京政变毕竟堪称革命之举，令全国印象深刻。

北京政变后，冯玉祥去苏联考察，国民军的处境日益艰难。后来，听到国民党的广东国民政府宣布北伐消灭军阀势力，他于1926年8月回到内蒙古五原县，决心重整国民军旗鼓，配合北伐军推翻军阀统治。1926年9月17日国民军誓师后，冯玉祥率领与指挥部队直指西安，首战告捷。接着，又攻打陕西，支援湖北，进攻河南，连战连胜。1927年5月，国民军攻克了河南省洛阳，6月1日又乘胜占领郑州，紧接着在河南东部取得大胜。这些累累战果极大配合了北伐的国民革命军，难怪当时指挥北伐的蒋介石对冯玉祥刮目相看，将其视为知己，后来两人不约而同地情愿结盟，以兄弟相称。

冯玉祥和蒋介石

到1931年"九一八"事变日本军队侵占中国东北后，冯玉祥在泰山见到部下吉鸿昌（1895—1934），两人就抗战意志与行动形成共识。1932年10月，他们到达察哈尔省张家口（今属河北省）。吉鸿昌变卖家产，集资购买枪弹，召集旧部，

下编　李德全和冯玉祥

冯玉祥也在报纸上发布言论，表明自己的抗战决心。1933年5月24日，冯玉祥在张家口主持各界"民众御敌救亡大会"，同时宣布成立"民众抗日同盟军"，自任总司令。同盟军开始从原西北军，东北义勇军，当地汉、蒙进步力量和各地爱国学生中招募了六个军十多万人。中共中央也在张家口成立了特别委员会协助推动此事。6月15日，同盟军召开第一次军民大会，成立最高权力机关"军事委员会"，冯玉祥任主席。在准备就绪且初战赢得几次胜利后，7月中旬收复被日军占领的内蒙古多伦城。此次战斗被誉为抗战第一胜仗，极大地鼓舞了全国民众的抗战斗志。各界人士纷纷电贺和支前劳军，冯玉祥被称赞为"抗日名将"。虽然由于蒋介石指责冯玉祥指挥同盟军"擅自行动""妨碍中央统一政令"，以及与冯合作的中共前线工作委员会政治方针错误，抗日同盟军总部最终被迫在1933年7月撤销，但全国支持冯玉祥的呼声仍然非常高涨。

冯玉祥离开察哈尔后再次去泰山住到1935年秋。鉴于冯玉祥在全国的政治威望，国民党内部呼唤冯玉祥出山抗日的呼声日益强烈，蒋介石也多次派人、拍电报邀请与催促冯玉祥到南京就职，共襄党政大计。冯知道自己与蒋在重大政治问题的态度上有分歧，但仍不顾部下一些人反对，决定同意蒋的安排，到南京担任了中华民国军事委员会副委员长。冯玉祥明知道这只是一个位高却无实际兵权的空头官职，但毕竟可以此显示全党、全国同心抗战的决心，在他看来，这比个人利益的得失更重要。

冯玉祥与蒋介石等其他国民党要员在抗战的立场上确实存在分歧。1938年10月在武昌举行国民政府最高国防会议时，冯玉祥谈到过什么是"抗战到底"。他的看法是："把所有的失地都收回来，不但东北四省，就是台湾和琉球各岛，都要交给我们，并且日本帝国主义无条件的投降，这就是抗战到底。"当时，国民党内对日投降派自然不喜欢这一态度，而蒋介石则对发动全国抗战长期犹豫不决。他一面不得不局部对日军作战，一面又试图与日本搞拖延性谈判，尽量避免与日军劲旅正面交锋，以求保存实力。蒋在1939年1月国民党五届五中全会上，也解释过"抗战到底"的意思说："我们这次抗战的目的，当然是要恢复卢沟桥事变以前的状态，如果不能达到这个目的，就不能和日本开始谈判，假使能够恢复卢沟桥事变以前的状态，可以开始谈判，以外交的方法解决东北问题。"针对蒋介石如此优柔寡断的态度，冯玉祥曾面陈利害，对蒋指出："汪精卫一班人为了富贵，什么坏事都敢做。委员长您只有抗战这一条路，失败也是成功，成功也是成功。"蒋介石自然赞同冯玉祥将自己与汪加以区别的看法，冯玉祥也将此意见在广播中向全国透露过，意在使人们了解蒋介石对抗战的信念，举国上下同心对敌。1938年，冯玉祥被召到武汉给中央训练团演讲，有一次的题目为"什么是你的成功"，他的中心意思说，中华民国的成功就是你的成功，蒋先生的成功就是国家的成功。冯玉祥确实做到了不计个人恩怨，尽力把蒋介石与国家命运视为一体。1938年1月，他在日记中特别写明民众抗日应注意的问题有："一、必须拥护中央。二、必须拥护军事最高领袖。"冯玉祥在所著《抗战哲学》一书中，特意写有标题为"服从最高统帅的领导，一致努力"的章节，书中写道："共同的目标和共同的努力就是打倒日本帝国主义，建设三民主义的新中国。为了达到这个目的，我们必须服从最高统帅的领导，在他的指示下一致努力，四年中领袖对于抗战建国有不少的训示，这些训示是我们每个人都应当遵守的,只有按着这些训示努力做才能将鬼子驱逐出去,才能建设新的中国。"1938年5月,冯见一座山上刻有"冯将军是抗日推动者"、"冯将军是抗日创造者"之类题字,他觉得"当此抗战时期其字句间显有挑拨离间嫌疑,因今天只有一个政府,一个主义,一个领袖,决不能有其他……"不过,到抗战胜利后蒋介石在美国支持下企图消灭中国共产党时,冯玉祥又坚持反对打内战的立场,开始与蒋介石彻底决裂。正如周恩来曾称赞冯玉祥时所说:"为人所不敢为,说人所不敢说。"冯玉祥这种精神并非意味着鲁莽、蛮干或个人恩怨,他是基于政治的大原则,才一生敢说、敢做。

3. 冯玉祥和中国共产党

在冯玉祥一生的戎马与政治生涯中,先后认同过封建专制、基督教、三民主义等思想,后来又与中国共产党渐行渐近。李德全在晚年要求并成为一名共产党员,虽然不完全等同于丈夫冯玉祥的最终政治选择,但毕竟无法否认,正是冯玉祥生前与中国共产党的密切关系,奠定了李德全后来政治归宿的根基。以往每当冯玉祥出现重大政治转折时,都有过被夫人李德全"赤化"的传言。这些说法无疑把李德全对冯玉祥的影响过分夸大,甚至将二者的关系颠倒了。冯玉祥与李德全之间并不像中国俗语所说的那种"气(妻)管炎(严)",他们始终坚持夫妻应该彼此平等的观念。冯玉祥及其部队与中国共产党的亲疏远近,固然有李德全背后参谋与推动的作用,但主导决策者当然还是冯玉祥。

冯玉祥较早与中国共产党合作的对象是李大钊(1889—

1927）。1924年冬，李大钊自苏联回国，冒着被曹锟政权通缉的危险，在北京成立中共北方局执行委员会并担任领导人。当时，北方局曾把冯玉祥国民军作为联合的力量，还去驻地拜会过冯，向他介绍苏联革命的情况，之后彼此交往日益加深。冯玉祥在有意接受西北边防督办兼任甘肃督办的任命时，孙中山的代表去见过冯玉祥，谈到曾和李大钊以国共合作的国民党中央委员身份会见苏联驻华大使，苏方有向冯玉祥提供帮助的设想。后来，冯玉祥又在张家口会见广东革命政府的苏联顾问鲍罗廷（Michael Borodin，1884—1951）等人，他表示："中国的目的是争取自由平等，谁能赞助我们达到这个目的，谁就是我们的朋友。"两人越谈看法越接近，最终促使冯玉祥决心贯彻孙中山"联俄、联共、扶助农工"三大政策。他要求苏方派遣军事顾问协助他训练部队，掌握苏联武器的使用方法。后来，不仅苏联军事顾问来到冯的部队，而且一些中共党员也在其军中担任了职务。1925年夏天，李大钊又一次到了冯军驻地张家口。这次见面双方商订了安排冯玉祥去苏联考察的计划。后来，听到李大钊被军阀杀害的消息，冯玉祥悲愤交加，下令全军戴孝哀悼，并亲自书写《吊李大钊等二十位同志》的悼诗刻在石碑上。

1926年9月17日，由中共党员刘伯坚等人陪同从苏联回到国内的冯玉祥，在内蒙古五原县举行誓师大会并开始北伐。1982年9月26日，在北京举行冯玉祥百年诞辰纪念大会期间，邓小平曾回忆当时在冯玉祥部队工作的情形："焕章先生要求我们党派人到西北军，我们从莫斯科来了20多个人，刘伯坚同志也是那时候来到了西北军，做政治部部长。当时我们有三个人打前站，我就是

下编　李德全和冯玉祥

其中的一个，那时我才23岁。记得1926年跟李大姐的弟弟一起经过大沙漠，坐的是运军火的汽车，当时交通很不方便，我们在库伦待了一个多月，才回到内蒙古。回到内蒙古以后，焕章先生五原誓师，李大钊同志还派人送来了作战计划。"他还说："从辛亥革命以来，焕章先生一直是比较好的，即使有一段时间经过一些曲折。1927年蒋介石清党的时候，别人都在杀共产党，他对我们的态度还是比较温和的，礼送出境。"（余华心：《传奇将军冯玉祥》，学苑出版社2007年版，第300—301页）

1933年春，冯玉祥在张家口组建民众抗日同盟军时与中国共产党合作，情况更为复杂一些。此时，冯玉祥身为国民党员，着眼于抗日民族统一战线的大局，决定与已秘密加入中共的部下吉鸿昌联手，难免引起其他国民党人的猜忌甚至反感。而且1930年后，蒋介石开始在南方不断大规模围剿中共革命根据地，这种环境迫使冯玉祥既想联共又不愿与国民党中央和其他盟友决裂。这些因素制约着冯玉祥与中共合作之间分寸的拿捏。另外，冯玉祥明确反对中共的苏维埃革命及其阶级斗争方式，也决定了他与中共的合作是有限度的。然而，此前冯玉祥在泰山隐居时，曾聘请一些身为文化人的共产党员讲解社会理论，颇有心得也有好感。后来，他基于率先起兵抗日以影响全国局势，以及独树抗日旗帜与蒋介石分庭抗礼的出发点，同中共再次走到一起，彼此结成了命运共同体，二者的关系堪称生死与共。但问题是，当时中共临时中央对与冯玉祥合作虽然总体上决定同意与支持，而在实际方针与具体做法上确实存在着诸多偏差，这是冯玉祥后来逐渐失望乃至双方最终不欢而散的重要原因。学界对此的看法是，当时中共临时中央的指导思想摇摆不定，

"左"倾冒险路线风行一时，贻害巨大。同样，与冯玉祥合作的中共河北省委和前线工作委员会也犯有类似的错误。比如，他们批评前任特委领导太保守、右倾，转而要求同盟军中共产党员"要兵不要官"，进而"反冯倒冯"，在部队中鼓动士兵罢课、罢操，甚至扬言夺取冯的指挥权，拉出部分军队发展成红军，建立"北方苏维埃根据地"，还有所谓"攻打北京"之类冒险计划。这些情况都使冯玉祥心灰意冷，最终在国民党的压力下只得解散了同盟军。当然，即使面对这些困境，冯玉祥汲取过去的历史教训，也没有公开"反共"，只是"亲共"的心态有所削弱而已。尽管如此，冯玉祥对中国共产党救国救民的政治宗旨始终抱有理解与同情之心。

　　抗战时期，周恩来率领中共代表团到临时"战时首都"武汉以后，与时任国民政府军事委员会副委员长的冯玉祥过往甚密。1939年，冯玉祥夫妇在重庆和周恩来夫妇来往频繁，关系也更深一步。他们经常聚会在冯玉祥的寓所里讨论问题，也闲聊家常。有一次，冯玉祥曾经认真地问周恩来，在自己的身边都有谁是共产党员？周恩来认真回答说，回去查清后再告诉你。过了几天，周恩来果然直言不讳地告诉冯将军："在你的身边有周茂藩、赵力钧、李正义三人是共产党员。如果不方便我们可以把他们调走。"冯将军不假思索地说："不必调走，我知道后心中有数，办事更方便些。"实际上，在抗战初期，这三个人都曾得到冯玉祥批准，去陕北延安的中共抗日军政大学学习过，他们想必是在那时加入了共产党，从抗大毕业后又回到冯玉祥身边工作。其中，周茂藩任过冯玉祥的少校参谋，曾经因为给重庆八路军办事处送情报，被军统特务抓捕入狱。

下编　李德全和冯玉祥

后经冯玉祥大力援救，周才终于被放出，仍然跟随在冯玉祥身边。冯玉祥是个粗中有细的人，他能够觉察出身边有共产党人，却又允许他们留下来，无疑是因为通过自己的观察、了解，冯玉祥认为他们都是非常可靠的人。

冯玉祥和李德全在重庆

冯将军不仅留下那些已经知道是共产党员的部下，而且始终力所能及地保护他们。在危险时刻，他营救过不少共产党员。冯玉祥后来介绍周茂藩到国民党军事委员会总司令部第二厅工作。1942年8月，周忽然失踪，冯玉祥知道后急忙商量营救对策，并亲自去找时任国民党要职的何应钦（1890—1987）要人。冯对何火冒三丈地一番"机关枪"式的怒斥，弄得何应钦傻了眼。由于蒋介石也要称冯为"大哥",何只好貌似恭敬地向冯玉祥说:"我想请您先回府去,待我查查,或许是下面的人误会抓错了人。查清后我会要他们立即放人,好吗?"过了数日,听说何竟敢将周茂藩秘密押送到军法总监严审,军法副总监却是冯玉祥的老部下,冯又请其设法帮助。那位老部下以"查无实据"为理由,最终将周释放了事。周回到冯的身边后工作了一段时间,接着去了中共解放区。

　　冯玉祥对中共主要领导人毛泽东、周恩来等一直怀有敬重之心。周恩来与冯玉祥交往近10年,彼此亲密无间,无话不谈。冯推崇周为良师益友,周也尊重冯为合作好友。每逢他们会晤,都能听到他们的爽朗笑声。在周最初与冯见面时,冯曾在客厅里亲笔写上"吃饭太多,读书太少"八个大字,表示自己不如周恩来,对周十分敬佩。周早在20世纪40年代初期,就在为冯贺寿时称颂冯"屹然成为抗战的中流砥柱"。到40年代末期,又称赞冯"走向了新民主主义的中国"。当1945年8月毛泽东以中共中央主席身份赴重庆与蒋介石和平谈判时,不仅李德全去机场欢迎,后来还和冯玉祥在家中宴请过毛泽东、周恩来等中共领导人。

　　1946年秋,冯玉祥以"考察水利"的名义,携家人去美国后,由于在各地批评美国援蒋打内战的政策,其影响越来越大,最终被美国移民局驱逐出境。1948年夏,冯玉祥和家人决定乘苏联客船回国,途中经过黑海时因遇火灾不幸逝世。李德全后来在1958年从朋友处得知,他们乘坐的苏联"胜利号"客轮,是中国共产党出钱给安排的。因为毛泽东、周恩来等中共领导人很希望冯玉祥回国参加新政治协商会议,他们指示当时中共东北局财政负责人拨出专款,从苏联雇用了那艘豪华客船接冯玉祥一家回国。

冯玉祥遇难后,毛泽东、朱德、周恩来等中共主要领导人分别发唁电至苏联表示痛悼之情。当年11月,李德全在苏联伤愈出院后,很快被中共接回中国东北解放区。1949年春,李德全回到久别的北平。9月1日,在北平隆重举行了冯玉祥逝世一周年纪念大会。毛泽东为大会亲自题写挽词:"冯玉祥将军逝世,谨致悼意。"

后经新中国中央政府决定,冯玉祥的骨灰被安葬在泰山。1953年10月15日,骨灰安放仪式在冯玉祥陵墓前举行。墓前高悬着毛泽东、朱德、周恩来的亲笔挽词。毛泽东两次题写挽词,除冯玉祥之外,还没有人享有过如此殊荣。

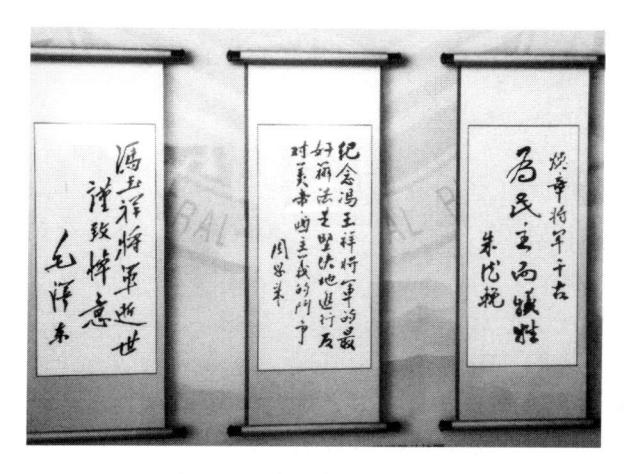

毛泽东、周恩来、朱德为冯玉祥题词

结 论

温故知新与继往开来

一 温故知新：中日关系的官、民渠道

为交涉与安排日本侨民和日本战犯回国事宜，李德全率领中国红十字总会代表团首访日本，至今已过去了60多年。按中国传统的计时、计岁方法，以"甲、乙……"等10天干和"子、丑……"等12地支一一对应组合来纪年，每60个组合成一个循环周期，称60年为一"甲子"。又常在之前加"花"字，称"花甲子"，意思是天干、地支的组合参差交错，花样翻新。后来，人们用"甲子"或"花甲子"指代60岁。除了"花甲之年"，中国指代60岁也习惯说"耳顺之年"，其取之《论语·为政》篇："六十而耳顺。"那是孔子讲过的话。"耳顺"的意思是耳朵听觉灵敏，能够听清楚别人说话的意思或者听得进不同的意见。中国形容人聪明，有"耳聪目明"的成语，其中"耳聪"，占人"聪明"程度的一半。中国老百姓强调"耳顺"很重要，有"听人劝，吃饱饭"的俗话。

结论　温故知新与继往开来

李德全首访日本的那段历史已过了"花甲之年"。就中国和日本的关系而言，中日双方都理应更加"耳顺"，也就是能够从中吸取某些有益的经验教训，即所谓"温故而知新"。

如今回顾李德全率领中国红十字总会代表团的首次访日行程，给人印象最为深刻的是其独特的定位和定性。按照代表团回国后向中国政府的报告，"中国红十字总会代表团是作为新中国的第一个民间使节访问日本的"。"这次中国红十字总会代表团的访问日本，就是为了把中国人民要和日本人民长期友好和平共处的意愿和决心转告给日本人民，以便把两国人民的友谊和了解向前推进一步。""代表团到达日本后，共参加了19次各界、各团体和各地方代表的国民欢迎大会和各种座谈会、17次宴会和茶会，并举行了13次记者招待会、播音和电视广播，对日本的广泛社会阶层诚恳地、详细地表达了中国和中国人民关于日本友好的主张和愿望。"当时，中国方面将这种类型的外交活动称为"民间外交"。所谓"民间外交"，是指区别于官方即国家或政府之间外交的民间国际交往。这一概念译为英文，通常说"人民对人民的外交"（People to People Diplomacy）。值得注意的是，中文里的"民间"一词，含有与官方并列以及在官方之外的意思。孔子曾讲过"礼失而求诸野"的话，其中，"野"就是指与"朝"即政府相对而言的"民间"。在孔子看来，如果王朝体制失败、礼崩乐坏，就必须向民间和百姓求助才有复兴的希望。毛泽东在新中国外交开创初期，提出过著名的"寄希望于人民"和"民间先行，以民促官"的对外交往方针，这正与中国"礼失而求诸野"的传统思想一脉相承。在当时，这一外交方针迅速而卓有成效地打开了以和平、友好、互利为基调的新中国外交局面。

新中国刚刚成立时，世界上承认中华人民共和国的国家还不多。特别是处于"冷战"的时代与环境，日本政府要受美国的支配，中日两国外交关系正常化还不可能，而新中国领导人对发展与日本的关系的潜力却始终持积极、乐观的态度。毛泽东、周恩来提出的对日本外交方针，是通过加强民间交流，以促进官方关系逐步改善；通过促使两国人员往来，相互理解，推动中日睦邻友好合作关系不断发展。中国这种民间外交活动，主要由四大人民团体，即工会、青联、妇联、中国人民保卫世界和平委员会（简称工、青、妇、和）承担与展开，其他人民团体如外交学会、红十字总会、贸易促进会、体育总会等的对外活动也力求增多与活跃。1952年，中国民间外交活动初步形成高潮，配合风起云涌的反对战争、争取民族解放和世界和平运动，中国民间对外交流做得风生水起、有声有色。当年，在世界和平理事会的支持下，由宋庆龄、郭沫若等中国著名社会活动家倡议，在北京召开了"亚洲及太平洋区域和平会议"，还举办了其他一系列国际活动，外国尤其是日本朋友和民间人士到中国访问的日渐频繁。1953年4月，中共中央专门成立了"中央国际活动指导委员会"，由王稼祥主任、廖承志副主任直接领导民间外交工作。1956年6月28日，时任国务院总理周恩来在接见日本国营铁道工会等访华团时曾说："我看，就照国民外交的方式做下去，日本团体来得更多，我们的团体也多去，把两国间要做的事情都做了，最后只剩下两国外交部部长签字,这也很省事。这是很好的方式。"

这意味着,新中国的民间外交活动、民间对外往来虽然着眼于打好基础、创造条件,立足于平民百姓渠道,实际上总与政府、官方有直接或间接的联系,民间往来和官方接触始终协同进行,落脚点便是"以民促官"。比如,周恩来也十分重视循序渐进地推进与日本官方的联系,他曾以两国民间贸易谈判为例说过:"因为谈判民间贸易已经触及互设贸易代表乃至政府贸易协定等问题,没有政府的支持、保证是不可能的。归根到底,解决两国关系问题还是要由政府来办。"以此为基础,周恩来在1957年7月提出了中国的外交是由官方、半官方和民间三者结合起来的立体或整体外交的思想。立体或整体外交包括了政府、议会、政党、军队、经济、文化、教育、科技、学术、民族、宗教、卫生、体育、环境、城市以及民间等众多领域,其中政府外交(以首脑外交为统率)居于中心位置,而民间外交则是其长期稳固的基础。至此,初步形成了新中国外交的独特格局。

中国有句俗话说:"铁打的营盘流水的兵。"与军队的这一结构特点相反相成,任何国家的政府官员都是流动不定的,而民众与社会的根基则如"铁打的营盘"一样稳定与牢固。一般来说,政府官员作为国家政治的代表,在外交舞台上总要扮演维护国家利益的强硬角色,因为担心背负"背叛国家"的骂名,甚至不惜与外国挑起战火,仿佛非如此便无法树立主权神圣的"精英"或"硬汉"形象。而民间人士中间虽然也难免有极端思潮或偏激分子,可就平民百姓整体而言，总是国家与世界和平、和谐局面的"压舱石"，有时还是化解矛盾或冲突的"缓冲剂"。由此看来，"民间先行""以民促官"的外交理念，绝不仅仅是新中国初建时期外交政策的权宜之计。无论是从长计议的外交路线还是为摆脱一时外交困境，都应该奉民间外交为不二法门。鉴于中日两国之间近年来有重政府交涉而轻民间来往，甚至盲目以前者取代后者的偏向与趋势，新中国成立初期李德全开拓两国民间外交的历史经验显得弥足珍贵，值得包括中国和日本在内的两国政治家回味与借鉴。

二 继往开来：中日关系"正常化"

经过中国和日本有识之士多年努力与辛勤积累，1972年两国终于正式恢复了外交关系。当时，有不少人欢欣鼓舞地长出了一口气，推测两国邦交从此可步入正常化的轨道，不至于像以前那样寸步难行。然而，所谓"书到用时方恨少，事非经过不知难"，如今回顾当初中日两国诸多人士的那种乐观展望，显然没有那么简单。因为在此后几十年中，中日之间虽然在政治、经贸、文化等各方面的交流与密切程度都有长足的进展，但麻烦甚至矛盾也从未间断过，近年来甚至有演化为利益冲突的端倪。种种迹象令人情不自禁地质疑和反思：至今中日关系果真已经正常了吗？在一定意义上仿佛可以这样说，究其实却未必当真如此。

近年来，日本国内有关"国家正常化"的呼声时起时伏。这种呼声的潜台词可以解读为：此前的日本还算不上

结论 温故知新与继往开来

"正常"国家。几乎就在同时,中国改革开放进程与经济发展也在逐渐进入被称为"新常态"的时期,这在一定意义上意味着,此前中国社会、经济等以高速度为主要特征的增长之路,将转变为更为稳健、匀速的可持续发展模式。但令人感觉吊诡或疑惑的是,恰恰在中日两国不约而同进入各自的常规发展、追求常态模式的时期,彼此的关系却显得有些"不正常"了:两国之间仿佛不再像恢复邦交初期那样情投意合、顺风顺水,竟然不时出现以前没有过的纠纷甚至冲突。如此态势的变化竟令两国有人发出惊呼:中日关系究竟怎么了?(吴学文、卓南生:《中日关系出了什么问题》,北京大学出版社 2005 年版)

要说清楚这个有些吊诡的中日外交新问题,破解当下中日两国关系某些矛盾的话语及其僵持局面,首先必须承认:中日两国眼下各自的"常态"发展与"正常"形象,彼此的认识并不完全一致。日本寻求成为"正常"国家的政治与外交目标,给外界的印象似乎旨在摆脱长期以来作为战败国承受的约束与压力,力争在国际舞台上与其他国家平起平坐。这实质意味着改变以前日本与其他国家尤其受害国之间的"非正常"关系,化解为彼此恩仇两清的"正常"关系。日本要实现这一国家内政与外交目标,顺理成章的途径或许可以参照毛泽东提倡过的一种政治态度,叫作"放下包袱和开动机器"(毛泽东:《学习和时局》,《毛泽东选集》第 3 卷,人民出版社 1968 年版,第 901 页)。这里的"放下包袱",对于日本而言是指了结历史上的侵略罪责。外交从来不是一相情愿的事情,只有双边或多边相互沟通并形成共识，才算得上对外交往即"外交"的成功。所谓"开动机器"，毛泽东解释是指"要善于使用思想器官"，即多动脑筋。眼下双方要尽量设法多沟通，多协商。与此相对，中国所谓"新常态"发展，就是改变以前因国力衰弱而改革开放、奋起急追的"非正常"状态。自新中国成立后直到与日本恢复邦交，中国一直处于这样的"非正常"状态，既落伍于发达国家又立志奋发图强。当"非正常"的中国与尚未成为"正常"国家的日本外交关系"正常化"时，实质是"非正常"发展与"不正常"国家的彼此结合与互补，就像数学的"负负为正"原理，那时中日两国关系给人以比较"正常"的印象便在情理之中。如当时中国经济实力和社会水平远比日本逊色，日本主流社会大都对中国不逼迫日本赔偿侵略造成的损失，还基于人道立场支持日本侨民、战犯和残留孤儿等回国而心存感激，件件都促成了两个尚未"正常"的国家之间构成了暂时的"正常"关系。

与之相反，近年来中日两国关系已有反向演变的趋势，即力求成为"正常"国家的日本与"常态"发展的中国之间，彼此不再那么协调与密切了。中国转变为稳健、持续的"常态"发展模式，是立足于已经积累了相当国家实力的基础上，这难免会使日本因实力对比逆转而备感压力；另外，日本成为"正常"国家的意图，意味着因历史渐远而淡化侵略中国的负疚感以及对中国善待日本的感恩戴德心态，于是对两国间遗留或者新生的纠纷、争议之类，难免无所顾忌或任性而为。面对这些前所未有的新变化，中日双方都有人忧心忡忡并提出改善的途径或方法，其中有人试图重提应该思考中日之间究竟应该

结论　温故知新与继往开来

"以谁为师"的问题。

在中日两国关系史上,唐、宋两朝曾是日本以中国为师的时代,到近现代则转换成了中国以日本为师。在那两个时代,无论谁以谁为师,都意味着在两国硬、软实力对比差距较大的非结构均衡状态下,通过向对方学习、借鉴,力求归于彼此实力均等的关系,也就是两国关系从"不正常"变为"正常"的过程。眼下重提中日两国"以谁为师"的话题,表面在倡导一种各自对对方谦恭、虚心的姿态,以求化解彼此间的纠纷或冲突,用心可谓良苦。实际上,全面或整体评估当今与以后中日两国的具体国情,如果承认彼此硬、软实力已在渐趋均质和等量齐观,再次硬拉两国关系回到以前有过的"以谁为师"的模式,不仅名不副实,也有些勉为其难。与其引导中日一方屈尊再拜对方为"师",违心地谦逊膜拜,不如各自客观公平地视对方为平等的朋友或竞争伙伴,彼此取长补短,教学相长,才会更符合实际,也更令双方心安理得。正所谓:既已时过境迁,莫求重温旧梦。

日本外相岸田文雄 2016 年 4 月发表过题为"新时代的日中关系"的演讲,其中说:"什么是'新时代'?从这 20 年左右看,在国际社会的力量对比中,日本和中国各自的立场发生了变化。"其中并未大胆讲清楚日中关系的"新时代"究竟意味着什么。究其实,中日关系的"新时代",就是指彼此应该以平等、公正、互利的态度对待对方,切莫再损人以利己。如果说大家还有一个应该共同敬重与求教的"老师",那应该是"历史",就是中国常说的"以史为鉴"。"鉴"的原意是镜子,是人类最早发明的能够自我认识的宝物。对有助于人们看清自身长短优劣的"历史"宝镜，谁都不该愚昧到视而不见的地步，除非自甘满脸污点而不知丑陋。

在现代中日关系史上，李德全率领中国红十字总会代表团访问日本及其引起的强烈反响，堪称两国朝野可以永远共鉴的一面镜子。或许因日久天长它可能已经变得有点模糊不清甚至支离破碎，但中日两国都有责任使这面珍贵的历史"宝镜"破镜重圆。

跋

　　这本书是在林振江先生的建议与推动下，与我合作撰写的。
　　我和在北京大学工作多年的林振江先生相识与交往已久。他和中日两国各方面人士多有联系，当了解到日本政治家和新闻媒体再次提起与重新评价李德全率领中国红十字总会代表团首访日本的动向，敏锐觉察出这一史实对当年开拓以及今后提升中日两国关系的重要价值，希望我协助搜集、解读与李德全有关的中、日文资料，两人合写这部书稿并争取分别在中国和日本出版。为此，我有幸温馨地回顾了李德全、冯玉祥夫妇与日本有关或者日本人感兴趣的诸多故事和细节，深切感受到李德全和中国红十字总会为协助日本侨民、战犯回国付出的诸多努力，以及日本民众和政府对此举的由衷感激。此举堪称中日关系史上难得而美好的一页。无论今后中日两国关系是顺利发展还是难免曲折，李德全的历史功绩与人格力量都将被两国朝野铭记，成为激励两国关系转危为安、顺利前行的正能量。
　　我和林振江为本书在日本搜集资料期间，幸蒙前首相福田康夫先生盛情邀请，在孙中山生前日本密友梅屋庄吉后人经营的松本楼饭庄会面并共进午餐。席间，福田前首相回顾了他在任期间与中国时任国家主席胡锦涛的友好合作关系，并说曾在那里宴请过胡主席一行。他听到我们介绍写作《日本难忘李德全》一书的设想，非常支持与期待。

自左至右：林振江、古市雅子、福田康夫、程麻、小坂文乃

本书稿能够如愿如期呈现在读者面前，除应归功于林振江先生与我的全力合作之外，非常感激王效贤、郭平坦等中国前辈不顾年迈接受采访并深情回忆，以及林光江、古市雅子、柿内善弥、新田顺一、马场公彦、王雪萍、宫元健、邹来君等日中诸位朋友在搜集与提供日中文两种资料时的无私帮助，还有李德全后人余华心女士、罗悠真先生的真诚贡献。尤其幸蒙日本朝日新闻社中国总局长古谷浩一先生采访，并在 2016 年 2 月

跋

24日《朝日新闻》日报刊登本书的写作信息，曾在日中两国引起较大的反响。日本秋田县大馆市花冈矿山的儿玉洋二先生看到《朝日新闻》的报道，特意寄来了李德全等人1957年再访日本时，去花冈祭拜中国遇难劳工的照片等珍贵资料。这些帮助都激励我和林振江先生争分夺秒地投入写作，也大大丰富了本书的内容。

最后，应该鸣谢原日本驻华大使木寺昌人先生、公使山本恭司诸先生对本书的关注，以及中国社会科学出版社领导和编辑李炳青女士的紧张与辛苦。我和林振江先生期盼本书能够尽快译为日文，尽早与日本读者见面。

本书承蒙卡乐B日本研究基金管理委员会委员长松尾康二先生资助出版，特此致谢。

2016年5月末，程麻收笔于北京积水潭桥北